조선인 희생자 추도비

일본 지역

역사의 진실을 가슴 깊이 새기다

일본 지역

조선인 희생자 추도비

역사의 진실을 가슴 깊이 새기다

조선인강제연행진상조사단 편

동북아역사재단
NORTHEAST ASIAN HISTORY FOUNDATION

일본 지역
조선인 희생자 추도비
역사의 진실을 가슴 깊이 새기다

2019년 11월 13일 초판 인쇄
2019년 11월 20일 초판 발행

엮은이   동북아역사재단
펴낸이   김도형
펴낸곳   동북아역사재단

등   록   제312-2004-050호(2004년 10월 18일)
주   소   서울시 서대문구 통일로 81
전   화   02-2012-6065
팩   스   02-2012-6189
홈페이지   www.nahf.or.kr

©동북아역사재단, 2019

ISBN 978-89-6187-489-2 93910
값 34,000원

이책의 출판권 및 저작권은 동북아역사재단이 가지고 있습니다.
저작권법에 의해 보호를 받는 저작물이므로 어떤 형태나 어떤 방법으로도 무단전재와 무단복제를 금합니다.

이 도서의 국립중앙도서관 출판예정도서목록(CIP)은 서지정보유통지원시스템 홈페이지(http://seoji.nl.go.kr)와
국가자료종합목록 구축시스템(http://kolis-net.nl.go.kr)에서 이용하실 수 있습니다. (CIP제어번호 : CIP2019045606)

책값은 뒤표지에 있습니다. 잘못된 책은 교환하여 드립니다.

발간사

일본에서 활동하는 조선인강제연행진상조사단이 편찬한 《조선인 희생자 추도비》를 번역하여 출간합니다. 우리가 잘 알고 있듯이 일제는 여러 명목으로 조선인을 강제로 동원하였습니다. 그 가운데 일본 국내로 동원된 조선인의 희생을 기려 세운 약 170기의 '조선인 희생자 추도비'를 정리한 이 책은 조선인 강제동원의 역사를 알 수 있는 귀중한 조사 보고서입니다.

일제의 식민지배로 인한 역사 문제는 아직도 계속되고 있습니다. 2018년 우리 대법원의 일제 강제동원 피해자 손해배상 판결 이후 한일 간의 경색 관계는 경제문제, 안보문제로 확산되고 있습니다. 이는 모두 1965년 한일협정에서 식민지 문제를 명확하게 해결하지 않았던 점에서 비롯된 것입니다.

일본은 아직도 식민지하 조선인 강제동원을 부정하고, 또 이를 은폐하려 하고 있습니다. 가령 유네스코에 등재된 일본의 근대 산업시설에서도 그러합니다. 일본의 근대화, 산업화의 일부 현장에 조선인 강제노동자의 희생이 드리워져 있습니다만 일본은 이를 부정하거나 외면하고 있습니다.

처음 심사 당시에는 조선인들의 강제노역 사실을 알리겠다고 약속하였습니다. 2015년 7월 5일 독일 본에서 열린 유네스코 세계유산위원회에서 일본 측 수석대표 사토 구니(佐藤地)는 "일본은 1940년대에 일부 시설에서 수많은 한국인과 여타 국민이 본인의 의사에 반하여 동원되어(brought against their will) 가혹한 조건하에서 강제로 노역하였으며(forced to work) 제2차 세계대전 당시 일본 정부도 징용정책을 시행하였다는 사실을 이해할 수 있도록 하는 조치를 취할 준비가 되어 있습니다"라고 약속하였고, 유네스코 세계유산위원회는 이 약속을 믿고 일본이 '메이지 일본의 산업혁명유산'이라는 이름으로 신청한 23곳의 근대 산업시설을 세계유산으로 등재하였습니다.

하지만 일본은 아직까지 이 약속을 전혀 이행하지 않고 있습니다. 세계유산 그 어느 곳에도 이러한 사실을 명기하지 않았습니다. 오히려 당시 조선인을 강제로 동원하거나 노동을 강제한 사실이 없다고 주장하고 있습니다. 일본 각 지역에서도 강제동원 피해자 추도비 철거 등 역사의 흔적을 지우려는 움직임이 나타나고 있습니다.

일본 정부의 노무동원계획에 따라 1939~1945년까지 일본으로 동원된 조선인 수는 약 80만 명이고, 확인된 작업장은 약 2,000곳입니다. 세계유산에 등재된 시설 7곳에도 조선인 약 33,000명이 동원되었습니다. 하지만 강제동원 피해를 증언할 수 있는 분들은 점점 줄어들고 있습니다. 일본 정부나 기업도 이런 사실을 숨기기 위해 관련 자료를 공개하지 않습니다. 역사적 사실이 왜곡되거나 망각될 위기에 처해 있습니다.

우리 동북아역사재단은 일제 침탈과 식민지배 실상을 연구하고 이를 국내외에 알리기 위한 일들을 해 오고 있습니다. 이런 사업의 일환으로 이 책을 번역, 간행하였습니다. 조선인강제연행진상조사단은 1972년 발족한 이후 조선인 강제연행과 강제노동 실태를 지역별로 조사하고 관련 명부를 수집해 왔습니다. 1974년부터〈조선인 강제연행 조사 기록〉이라는 제목으로 조사 결과를 발간하고 있습니다. 이 조사단의 활동으로 구체적인 조선인 강제동원 피해 실태가 밝혀졌고, 일본 사회도 이 문제 관심을 갖게 되었습니다. 이 책의 출간도 이러한 활동들이 있었기에 가능하였다고 생각합니다.

이 책에 실린 약 170기의 추도비 전부에 강제동원이나 강제노동이라는 역사적 사실이 명기된 것은 아닙니다. 하지만 이 추도비에 이름이 실린 피해자 한 명 한 명이 우리에게 왜 조선인이 바다 건너 일본에 와서 가혹한 노동 현장에서 사망하였는지를 묻고 있습니다. 강제동원 피해의 역사적 사실을 밝히는 것이, 역사적 사실을 후세에 올바로 전달하는 것이 이 물음에 답하는 길일 것입니다. 우리 재단은 앞으로도 강제동원 피해의 역사적 사실을 밝히기 위해 노력하고 계신 연구자, 활동가

분들과 함께 이 역할을 충실하게 수행해 나가겠습니다.

　방대한 자료를 조사하고 기록한 조선인강제연행진상조사단의 노고에 깊은 경의를 표합니다. 특히 자료집 작성을 주도하고 우리말 번역도 꼼꼼히 점검해 주신 하수광 조선인강제연행진상조사단조선인측중앙본부 사무국장님, 그리고 노동자 강제동원 문제를 일부라도 해결하기 위해 유골 봉환사업을 추진하고 있는 민족화해협력범국민협의회 김홍걸 대표상임의장님께 감사드립니다. 마지막으로 이 책을 번역한 이승희 선생님께도 고마움을 전합니다.

2019년 11월
동북아역사재단 이사장　김도형

인 사 말

안녕하십니까?

민족화해협력범국민협의회 대표상임의장 김홍걸입니다.

민화협은 2018년 7월 18일 평양에서 북의 민화협과 '조선인 유골봉환을 위한 남북 민화협 공동추진위원회'를 결성한 후, 각종 강제동원 관련 행사를 진행하였고, 2019년 3월에는 일본 오사카 통국사에 안치되어 있던 일제 강제동원 희생자 유골 74위를 국내로 모셔온 바 있습니다.

민화협이 일제하 강제동원 희생자들에 대한 진실 규명에 나서는 것은 국가 정체성 회복과 '죽은 자'에 대한 '인권'의 부활이 없이는 우리 사회 내의 '통합'을 이루기가 어려울 것이라 생각하기 때문입니다.

그것은 우리 민족이 겪은 식민, 이산, 분단, 전쟁의 아픔을 '치유'하지 않는 이상 진정한 민족 화해와 협력은 있을 수 없다는 판단에 근거한 것입니다.

민화협은 강제동원의 진상을 파악하기 위해 눈 쌓인 홋카이도의 탄광 현장부터 오키나와의 모토부에 묻혀 있는 조선인 군인·군속의 매장지까지 일본 열도를 답사하고 관계자를 만나고, 시민단체 회원들과 강제동원과 관련된 수많은 대화를 나눠 왔습니다.

그런 활동 속에서 이번에 국내에서 번역·간행되는 조선인강제연행진상조사단의 《일본 지역 조선인 희생자 추도비-역사의 진실을 가슴 깊이 새기다》에 주목하게 되었습니다. 그 이유는 이 책이 일본의 침략 전쟁에 의해 희생된 조선인을 추모하는 내용을 담고 있기 때문입니다.

일본의 홋카이도에서 오키나와까지 자료 조사와 검증, 현지 답사 등을 통해 만들어진 이 책에는 국내에 잘 알려지지 않은 강제연행, 강제노동 희생자의 비, 구 일본군 성노예 희생자의 비, 관동대지진 조선인 대학살 추도비, 히로시마·나가사키의 원폭피해자의 비, 도쿄·오사카 대공습 조선인 희생자의 비 등 조선인 희생자들에 대한 기록들이 함께 수록되어 있습니다. 따라서 이 책은 매우 귀중한 역사 자료입니다.

우리는 이 책이 '강제동원 희생자' 분들의 아픔을 달래는 것은 물론 불행했던 과거를 후세에 전달하고, 미래 세대에게 우호와 평화를 알리고자 하는 고귀한 '정신'이 깃들어 있는 것임을 알고 있습니다.

특히 이 책에 수록된 추도비에는 조선인 희생자들의 유해가 같이 안치되어 있을 수 있기에 '조선인 희생자' 분들의 유해 발굴을 위해서도 매우 중요한 자료입니다.

저는 이 소중한 《일본 지역 조선인 희생자 추도비-역사의 진실을 가슴 깊이 새기다》가 국내 공공도서관과 학교 등에 비치되어 많은 국민들이 그 실상을 제대로 알 수 있기를 바라며, 특히 강제동원과 관련한 연구를 진행하는 연구자들에게도 귀중한 연구 자료집으로 쓰이기를 희망합니다.

《일본 지역 조선인 희생자 추도비-역사의 진실을 가슴 깊이 새기다》의 발간을 위해 노력해주신 '조선인강제연행진상조사단'과 번역, 출판을 위해 애써 주신 동북아역사재단에 감사의 말씀을 드립니다.

2019년 10월 29일

민족화해협력범국민협의회
대표상임의장 김홍걸

인 사 말

여기 한 권의 자료집 《조선인 희생자 추도비》가 간행되었다. 이제 일본 각지의 희생자를 추모하는 비를 종합적으로 정리한 기록집을 시민 여러분들이 공람할 수 있게 되었다.

1970년대에 조사단이 첫 활동을 시작한 이래 1990년대에는 조사단이 전국 각지에 보급되었고, 상호 활동을 교류하면서 진행하고자 노력해 왔다. 그로부터 25년 이상이 지났으나 초반에는 이렇게나 중요한 일인지 깨닫지 못하였다. 사무국장에게 처음 이 사업을 제안받은 이후, 이제서야 비로소 '역시 그랬구나'라고 자각하게 되었다. 일본제국주의의 식민지 지배는 1905년 조약 후 40년간이나 이어졌으나, 이번 조사는 그 기간 중 관동대지진부터 강제동원까지의 시기에 집중되어 있다. 전국에 있는 기념비·추도비들은 지금 역사를 왜곡하고 또 말살하려는 공격의 표적이 되고 있을 터이다. '과거 청산'을 무시하는 정권은 '전후 정치의 총결산', '자주 헌법의 제정' 등 헌법 개악을 목표로 내걸고 있다.

하지만 각 기념비·추도비는 어제오늘에 세워진 것이 아니다. 현지에 사는 일본인과 한반도 출신자들이 오랜 세월에 걸쳐 역사의 사실을 조사, 기록하여 시간을 들여 비로 만든 것이다. 그 제작자·설치자의 뜻은 희생자에 대한 속죄의 심정으로 역사의 사실을 밝혀 후세에 전하고자 하는 것이다. 이러한 기념비·추도비를 철거하는 일 따위는 가능할 턱도 없으며 용납될 수도 없다.

사무국장과 각 현의 협력자 여러분들은 사람이 다닐 수 없는 산속까지 찾아가 소재지를 확인하고 크기, 설치자, 설치 연월일 등을 기록하고 그 모습을 최대한 선명하게 사진 촬영하였다. 파괴 세력에 여지를 주지 않기 위하여 수차례 확인한 후에 원고를 작성하였고 편집 회의에서 몇 번이나 문체 등을 통일한 끝에 퇴고하였다. 이처럼 사무국을 포함하여 조사 및 편집에 집중해 준 분들의 크나큰 노고 덕분에 이 책이 완성되었다.

우리는 선인의 이러한 노력을 집대성하고자 이번 기록을 시도하였다. 이번 기록에서 빠진 '비'도 있을지도 모른다. 각 현의 관계자 여러분께서 "아직 이것을 다루지 않았다"고 지적해 주시기를 바란다.

우리 제작위원회는 이 책을 완성품이라고 생각하지 않는다.

이번 출판에서는 일단 제작하고 배포하여 지적을 받고 싶다. 이를 통해 다음에는 더욱 완성도 높은 자료집을 제작하고 싶다. 그리고 남북한에도, 국립국회도서관에도 기증하고 전국의 공립도서관, 대학도서관, 서점에도 꽂히기를 바란다. 물론 그 일환으로 희망하는 시민운동단체에도 배부하고 싶다.

누구도 알지 못했던 전국에 산재한 기념비·추도비 자료집《조선인 희생자 추도비》를 제작하였다. 총결산할 만한 가치 있는 작업에 참여하게 된 것을 자랑스럽게 생각하며 인사말로 대신하겠다.

2018년 5월

조선인강제연행진상조사단 일본인 측 전국연락협의회
공동대표 하라다 아키히로(原田章弘)·데라오 데루미(寺尾光身)

인 사 말

《조선인 희생자 추도비》의 간행에 즈음하여 협력과 지원을 보내 주신 일본 시민단체, 재일동포 1세, 재일대학생 여러분들에게 깊은 감사를 드리고 싶습니다.

또 공사다망한 가운데 많은 자료를 제공해 주고 조언을 아끼지 않으신 다케우치 야스토(竹內康人) 선생에게 경의를 표하는 바입니다. 그리고 생전에 다방면에 걸쳐 자료집 제작을 후원해 주신 노조에 겐지(野添憲治), 이시다 다다시(石田貞) 선생의 명복을 진심으로 빕니다.

100여 명의 유지들이 발간을 준비한 이래, 장장 스무 달 동안 홋카이도에서 오키나와에 이르기까지 일본 전국에서 자료를 조사하고, 검증하고 현지를 답사하였습니다. 반세기 가까운 강제연행진상조사단의 활동이 있었기에 감히 진행할 수 있었습니다.

이 자료집은 일본의 침략전쟁이 확대되면서 식민지 조선에서 노무나 군무를 위하여 강제로 끌려와 강제노동에 시달렸던 조선인 희생자 등을 추모하여 세워진 '비'를 기록한 것입니다.

현재 알려져 있는 '비'는 일본의 35개 도도부현(都道府縣)에 약 170개입니다. 하지만 희생자의 상황을 충분히 기록하고 있는 '비'는 적은 게 현실입니다.

'비'는 대부분 일본의 시민단체들이 건립한 것이지만 재일조선인과 함께 세운 것도 있으며, 오늘에 이르기까지 다양한 형태로 추모되고 있습니다.

이 책에는 강제연행·강제노동 희생자의 비, 구 일본군 성노예 희생자의 비, 관동대지진 조선인 대학살 추모비를 비롯하여 히로시마·나가사키의 원폭 피해자, 도쿄·오사카 대공습 조선인 희생자의 비 등을 실었습니다.

역사의 진실을 깊이 기억하고 기록하여 불행한 과거를 망각하지 않고 후세에 남기고자 앞으로의 우호와 평화를 향한 염원을 담아 제작하였습니다.

추도비를 조사하고 기록하는 과정에서 모든 '비'에는 희생된 조선인을 애도하고 그 역사가 풍화되지 않기를 바라면서 비와 대좌 등을 제공하여 건립에 협력한 일본인들의 진심이 담겨 있다는 것을 느꼈습니다.

이러한 분들이 없었다면 역사의 진실을 확인하는 것조차 불가능했으리라 생각합니다. 이러한 까닭에 '추도비'는 귀중한 역사 자료입니다.

그 의미를 하나하나 되새기며 미흡한 부분은 여러분들의 지적과 보완을 받아 완성판을 간행하고 싶습니다.

저는 이 자료집의 발간에 즈음하여 조선인 희생자의 유골을 조사·발굴하여 고향으로 속히 반환할 것을 일본 정부 당국에 거듭 요구하는 바입니다.

2018년 5월

조선인강제연행진상조사단 조선인 측 중앙본부
사무국장 하수광

범례

1. 목차는 일본의 북쪽 홋카이도에서 남쪽 오키나와까지 각 지방 순으로 구성하였다.
2. 같은 지방 안에 있는 명칭이 같은 비의 경우에는 이해하기 쉽게 현지에서 부르는 호칭 혹은 지명을 덧붙였다.
3. 이 자료집에 소개하는 비의 내용은 현지 조선인강제연행진상조사단 관계자나 연구자들이 작성한 것을 가능한 한 그대로 사용하였다.
4. 본문 중 '조선', '한국' 등의 명칭은 비문의 원문을 그대로 번역한 것이다.
5. 인용 중 조선인을 멸시하는 용어나 오기로 추측되는 글자도 보이지만 수정하지 않았다. 역사적 자료이기 때문이다.
6. 비문 중 풍화가 심해 해독이 불가능한 글자 중 비문은 □, 이름은 ○로 표시하였다.

| 목차

발간사 / 5
인사말(민족화해협력범국민협의회) / 8
인사말(조선인강제연행진상조사단 일본인 측 전국연락협의회) / 10
인사말(조선인강제연행진상조사단 조선인 측 중앙본부) / 12

홋카이도

선인공동묘지비 鮮人共同墓之碑	26
신령지묘 神靈之墓	27
한국인 순난자 위령비 韓國人殉難者之慰靈碑	28
조선인 사망자 일동의 묘 朝鮮人物故者一同之墓	29
여명지상 黎明之像	30
태평양전쟁 강제노동 희생자 위령비 太平洋戰爭强制勞動犧牲者慰靈碑	31
스미토모 가미우타광 한국 출신 순직자 住友上歌磺韓國出身殉職者	32
구시로 지방 조선인 유골당 釧路地方朝鮮人遺骨堂	33
조선인 희생자 위령비 朝鮮人犧牲者慰靈碑	34
국철 마쓰마에선 부설공사 순직자 위령비 國鐵松前線敷設工事殉職者慰靈碑	35
조선인 위령탑·납골당 朝鮮人慰靈塔·納骨堂	37
생명의 고귀함에 눈떠 민족의 화해와 우호를 바라는 상	38
모이와 藻岩 희생자의 비	40
메이우선 철도 공사·우류댐 공사 희생자지표 犧牲者之標	42
아시베쓰탄광 내외 순직자 사망자 위령탑, 위령비 '화和'	43
70년 만의 귀향	45
평화디딤돌	46

이와테현

무연다보탑 無緣多寶塔	48
추도지비 追悼之碑	49

아키타현

나나쓰다테조혼비 七ッ館弔魂碑	52
조선인 무연불 위령비 朝鮮人無緣佛慰靈碑	54
핫세이發盛 제련소로 끌려온 조선인 희생자의 묘지	59
요시노吉乃광산 조선인 희생자 추도비	61

후쿠시마현

닛바쓰누마노쿠라日發沼倉수력발전소 건설공사 조선인 순난자 위령비	64
조반탄전常磐炭田 조선인 노무희생자의 비	66
위령탑	68
만령공양지탑萬靈供養之塔	69
추도지비追悼之碑	71

사이다마현

구 혼조경찰서 舊本莊警察署	74
선인지비 鮮人之碑	76
선각오도신사 鮮覺悟道信士	77
공양탑供養塔(오오하라묘지大原墓地)	78
감천추우신사感天秋雨信士	80
관동진재 조선인 희생자 위령비 關東震災朝鮮人犧牲者慰靈碑	81
관동대진재 조선인 희생자 위령비 關東大震災朝鮮人犧牲者慰靈碑	83
관동대진재 조선인 희생자 위령탑 關東大震災朝鮮人犧牲者慰靈塔	85
조선인 강대흥 묘 朝鮮人姜大興墓	86

지바현

조선인 유골당 朝鮮人遺骨堂	88
이름 없는 여인의 비 名も無き女の碑	90
아아 종군위안부 噫從軍慰安婦	92

법계무연탑法界無緣塔 94

관동대진재 희생 동포 위령비關東大震災犧牲同胞慰靈碑 95

무연불지묘無緣佛之墓 97

진재 이국인 희생자 지심공양탑震災異國人犧牲者至心供養塔 98

고즈산高津山 관음사 내 모뉴먼트 99

    1. 위령종慰靈鐘과 보화종루普化鐘樓

    2. 관동대진재 한국인 희생자 위령시탑關東大震災韓國人犧牲者慰靈詩塔

    3. 관동대진재 조선인 희생자 위령비關東大震災朝鮮人犧牲者慰靈の碑

무연공양탑無緣供養塔 103

도쿄도

위령비慰靈碑 106

순직자지비殉職者之碑(多摩湖町) 108

싱가포르 창기 순난자 위령비殉難者慰靈碑 109

유텐사 납골당祐天寺納骨堂 111

도쿄도 위령당東京都慰靈堂 112

추도追悼 관동대진재 조선인 희생자關東大震災朝鮮人犧牲者 113

도悼 관동대진재 시 한국·조선인 순난자 추도지비

   關東大震災時韓國·朝鮮人殉難者追悼之碑 115

가나가와현

요코스카해군건축부 하청공사 순직자 조혼비橫須賀海軍建築部請負工事殉職者弔魂碑 120

위령탑慰靈塔 122

호명湖銘 124

진재공양震災供養 127

렌쇼사蓮勝寺의 4개의 비 129

    1. 조혼

    2. 조선인 납골탑 전도 개장 기념비

3. 조선인 납골탑
　　　4. 한국인 묘지 개수 기념비

가나가와 조선인 납골당神奈川朝鮮人納骨堂	135
관동대진재 한국인 위령비關東大震災韓國人慰靈碑	136
관동대진재 순난 조선인 위령지비關東大震災殉難朝鮮人慰靈之碑	138

이바라키현

조선인 순난 병몰자 제정령朝鮮人殉難病没者諸精靈	140
이바라키현 조선인 납골탑茨城縣朝鮮人納骨塔	141
조선인 무연공양탑朝鮮人無緣供養塔	144

도치기현

아시오 조선인 강제연행 희생자 위령비足尾朝鮮人強制連行犠牲者慰靈碑	148
추도비(藤岡飛行場)	149
추도비(日光鑛山)	151

군마현

제2차 세계대전 시 징용 조선인 희생자 위령지비	154
기억, 반성 그리고 우호記憶 反省 そして 友好	156
봉호지장존위현광도보리	158
관동진재 조선인 희생자 위령지비	159

나가노현

위령비	164
마쓰시로대본영松代大本營 조선인 희생자 추도평화기념비	165

도야마현

순직기념비	168

이시카와현

누카다니채석장 터(설명판)額谷石切り場跡　　　　　　　　　　　　170

기후현

순직위령비(笠置發電所)　　　　　　　　　　　　174
순직위령비(兼山發電所)　　　　　　　　　　　　175
순직위령비(丸山ダム)　　　　　　　　　　　　176

시즈오카현

순직비 및 단나철도 丹那鐵道 공사 순직자 위령비　　　　　　　　　　　　178
순직자지비　　　　　　　　　　　　180
시미즈 淸水 조선인 무연납골당　　　　　　　　　　　　181
삼계만령탑　　　　　　　　　　　　182
무연공양탑　　　　　　　　　　　　183

아이치현

도요카와 豊川 해군공창 전몰자 공양탑　　　　　　　　　　　　186
원사동포 위령비　　　　　　　　　　　　183
　1. 원사동포 위령비
　2. 비력 碑歷
　3. 비석 碑石
도난카이 東南海 지진 추도기념비　　　　　　　　　　　　192
한다 半田 · 전재 희생자 추도평화기념비　　　　　　　　　　　　194

미에현

공양탑　　　　　　　　　　　　198
추도(미에현 三重縣 기노모토 木本에서 학살당한 조선인 노동자의 추도비)　　　　　　　　　　　　199
조선인 추도비(기슈광산 紀州鑛山에서 숨진 조선인을 추도하는 비)　　　　　　　　　　　　203

교토부

순난의 비(浮島丸)	208
진혼비	211
한국인 희생자 위령탑	213

오사카부

초혼비(生駒トンネル)	216
통국사統國寺 납골당	217
대동아 전몰 일한 간호부 위령지비	218
다치소지하호 터(명판)	219
오사카경비부군수부 아이창고 옛터(명판)	221
이쿠타마공원生玉公園 지하호(명판)	223
오사카성공원大阪城公園 안에 남아 있는 전쟁의 상처(명판)	225
진혼의 종 십육지장 모뉴먼트	227

효고현

고요엔甲陽園 지하호군(설명판)	230
제2차 대전 시 구적舊跡 고요엔甲陽園지하호 터	232
철도공사 중 직페병몰자 초혼비	234
위령탑	236
아이오이相生평화기념비	238
고베전철神戶電鐵 부설공사 조선인 노동자의 상	240
고베항神戶港 평화의 비	242
도후쿠사東福寺 조선인 무연불 사리탑	244

나라현

한국인 희생자 무연불 위령비	246
야마토해군항공대大和海軍航空隊 야마토기지 터에 대하여(설명판)	248

돗토리현

공양탑	252

오카야마현

조선인 수난비	256
한국·조선인 강제연행노동 희생자 위령비	257

히로시마현

위령탑·위령비	260
한국인 원폭 희생자 위령비	261
추도 한국인 원폭 희생자	263
고보高暮댐 조선인 희생자 추도비	264

야마구치현

순직비(關門鐵道トンネル)	268
공양탑(周南)	269
조세이탄광長生炭鑛 수몰사고 희생자의 비·명판(추도 광장)	271
위령비(向道ダム)	276

에히메현

조선인 강제연행 순직자비	280

고치현

박이동朴二東 위령지비	282
쓰가댐津賀ダム 평화기념비	284

후쿠오카현

조선인 탄갱 순난자지비	288

덕향德香 추모비	290
한국인 징용 희생자 위령비	293
위령비小田山靈園	295
송암보리松岩菩堤	297
마와타리馬渡기념비	300
무궁화당(납골당)	302

사가현
오즈루大鶴광업소 순직자의 비	306

나가사키현
공양탑供養塔(통칭 센닌즈카千人塚)	310
조선인 위령탑	311
대한민국인 위령비	312
난고시묘南越名 해난자 무연불지비	314
추도 나가사키 원폭 조선인 희생자	315
외국인 전쟁 희생자 추도(비)	317

구마모토현
철도공사 중 순난병몰자 추도기념비	320
불이지탑	322
조혼비	324

오이타현
구舊 다이오킨잔鯛生鑛山 순직자 위령지비	326

가고시마현
외국인 납골당	330

오키나와현

백옥지탑	332
청구지탑	333
통한지비	335
한국인 위령탑	337
평화디딤돌	339
아리랑 위령의 모뉴먼트	341
류혼지비	343
아시아태평양전쟁·오키나와전 피징발 한반도 출신자 한의 비恨之碑	345
아리랑 비	347

【해설】일본 각지에 세워진 조선인 희생자 추도비에 대하여	349
과제와 감사의 말	362
편집 후기	364
찾아보기	365

조선인 희생자 추도비
역사의 진실을 가슴 깊이 새기다

홋카이도

● 홋카이도

선인공동묘지비
鮮人共同墓之碑

소재지	이와미자와시 구리사와초 만지나카초 만지묘지
건립일	1926년 9월 1일
건립자	불명
크기	세로 120cm
비문	정면 만지 제1 기숙사 건설 / 선인공동묘지비 / 다이쇼 15년(1926) 9월 1일
해설	거대한 무연탑을 중심으로 좌측에 선인공동묘지비가 있으며, 우측에는 순직사몰자지령비(殉職死沒者之靈碑)가 서 있다. 순직사몰자지령비의 뒷면에는 '쇼와 21년(1946) 8월 건지(建之)·만지탄 호쿠토료'라고 새겨져 있다.

● 홋카이도

신령지묘
神靈之墓

소재지	유바리시 스에히로 1초메 스에히로묘지
건립일	1930년 9월
건립자	유바리광 기숙사 조선인 유지 일동
크기	세로 400cm(비: 250cm 대좌: 150cm)
비문	정면 신령지묘(神靈之墓)
	측면 유바리광 기숙사 조선인 유지 일동 / 쇼와 9년(1934) 9월 건립
	뒷면 발기인

      다카하시(高橋末吉)　　야기(八木慶三郎)　　히라야마(平山春義)
      야마(山重吉)　　　　　마에다(前田平吉)　　김일봉
      김호성　　　　　　　　김정윤　　　　　　　최현길
      황만□　　　　　　　　김헌향　　　　　　　최창한
      박경룡

● 홋카이도

한국인 순난자 위령비
韓國人殉難者之慰靈碑

소재지	삿포로시 니시구 헤이와 435 데이네평화영원(手稻平和靈園)
건립일	1960년 6월 25일
건립자	재일본대한민국거류민단 홋카이도본부
비문	정면 한국인 순난자 위령비(韓國人殉難者之慰靈碑)
	뒷면 위령비 건립 취지문

　　回顧하건대 韓日合倂時부터 檀紀 四二七八年 八·一五 光復節에 이르는 長期間 遠離祖國으로부터 帝國主義의 軍事徵用 又 勞務者로써 未道하여 炭坑, 鑛山, 土木事業, 其他 軍需工場 等의 勞務에 從事, 그 勞動(略字)에 心身消耗, 病苦에 呻吟하다 死亡 又 不慮의 突発事故나 災危에 遭하여 絕命한 者 等, 北海道 內 山野에 묻힌 韓國人 物故者의 遺体遺骨은 많은 것이다.

　　더구나 이들은 戰時中은 勿論 戰后의 오늘날까지 滿足한 讀經回向 없이 放置되어 있는 現狀을 鑑하여 大韓民國居留民團北海道本部에서는 이들 無緣之靈을 慰靈코저 此 碑를 建立하는 것이다.

해설	홋카이도 각지의 탄광에서 강제 노역에 시달리다 사망한 순난자의 위령비다.
	뒷면 위령비 건립 취지문은 한국어로 되어 있다.

● 홋카이도

태평양전쟁 강제노동 희생자 위령비

太平洋戰爭强制勞動
犧牲者慰靈碑

소재지	구시로시 시운다이묘지 내
건립일	1973년 8월 9일
건립자	구시로시민회의
비문	정면　태평양전쟁 강제노동 희생자 위령비
	뒷면　없음
부속비(우측)	두 번 다시 되풀이하지 않으리라

이곳에 잠든 약 100명의 한국인·북한인 희생양은 조국으로 돌아갈 자유와 행동의 자유를 빼앗긴 채 부두, 탄광 등의 강제노역에 시달리다 희생된 사람들이다.

1910년(메이지 43) 일본 정부의 '한일병합' 이후, 1939년(쇼와 14)의 '노무동원계획'에 따라 일본으로 약 20만 명의 북한·한국인들이 강제로 끌려왔다.

홋카이도에서도 1940년에 이미 43,000명을 넘어섰고, 종전 당시에는 7만 명을 헤아렸다고 한다.

우리들은 전쟁의 희생양이 되어 숨을 거둔 사람들에게 국경을 초월하여 민족의 연대와 협력을 확대해 나갈 것을 여기에 맹세한다.

두 번 다시 전쟁의 비극을 되풀이하지 않기 위하여 시민 한 명 한 명의 다짐을 담아 그 증거로서 이 비를 세운다.

시민의 협력을 바란다.

1973년 8월 9일
구시로시민회의
회장 쓰다 리키조(津田力三)

해설	매년 8월에 위령제가 거행되고 있다.

● 홋카이도

스미토모 가미우타광 한국 출신 순직자

住友上歌砿韓國出身殉職者

소재지	우타시나이시 아자혼초 124 안라쿠사(安樂寺)
건립일	1980년 10월
건립자	미야기현 시로이시마치 오카 도시오(岡俊男)
크기	세로 150cm(비: 120cm 대좌: 30cm)
비문	정면 나무아미타불(南無阿彌陀佛)
	뒷면 쇼와 50년(1975) 10월 길일 미야기현 오카 도시오 건지(建之) / 시라이시시
	대좌 정면 爲住友上歌砿韓國出身殉職者
	좌우 측면 쇼와 15년(1940) 1월부터 쇼와 20년(1945) 5월까지 22명의 이름(추모 대상자로 보인다)이 새겨져 있다(해독 어려움).

● 홋카이도

구시로 지방 조선인 유골당
釧路地方朝鮮人遺骨堂

|소재지| 구시로시 시운다이묘지 내
|건립일| 1981년 8월 20일
|건립자| 재일본조선인총연합회 구시로지부
|비문| 구시로 지방 조선인 유골당

여기에 일제시대에 강제연행으로 군사공사장에서 억울하게 희생당한 동포들과 8·15 해방 후 조국통일을 보지 못한 채 별세한 동포들의 유골을 안치한다.

1981년 8월 20일
재일본조선인총연합회
구시로지부 건립

|해설| 비문의 내용과 같다. 현재 희생된 조선인 19위가 안치되어 있다.

● 홋카이도

조선인 희생자 위령비
朝鮮人犧牲者慰靈碑

소재지	아사히카와시 가무이초 가미오카 가무이묘지
건립일	1982년 8월 15일
건립자	재일본조선인총연합회 홋카이도 아사히카와지부
비문	정면 조선인 희생자 위령비

뒷면 태평양전쟁 당시 조선에서 강제연행되어 힘든 노동에 시달리다 두 번 다시 고국의 땅을 밟지 못한 채 이국의 땅에 뼈를 묻은 동포와 1945년 8월 15일 광복 후에도 조국의 통일을 보지 못한 채 숨을 거둔 동포의 넋을 기리며 여기에 비를 건립한다.

1982년 8월 15일
재일본조선인총연합회 홋카이도 아사히카와지부

해설	비문의 내용과 같다.

● 홋카이도

국철 마쓰마에선 부설공사 순직자 위령비

國鐵松前線敷設工事
殉職者慰靈碑

소재지	마쓰마에군 마쓰마에초 아자카라쓰 256 센넨사(專念寺)
건립일	1985년 5월 3일
건립자	발기인회
비문	정면 국철 마쓰마에선 부설공사 순직자 위령비 (國鐵松前線敷設工事殉職者慰靈碑)

정면 하단　이 비는 제2차 세계대전 1941~1945년까지 이 지역 연선의 군수물자 운반을 목적으로 건설된 국철 마쓰마에선 부설공사 등을 위하여 강제연행된 조선인, 중국인, 일본인 몇 명을 포함한 순직자를 기리는 위령비입니다.

전쟁에서 승리하기 위하여 끌려온 강건한 젊은이들은 먹을 것도 입을 것도 충분히 받지 못한 채 기아 상태에서 가혹한 부설공사에 투입되어 채찍질을 당하며 과로, 발진티푸스와 같은 전염병, 기타 병마에 싸우다 고통스럽게 쓰러져 부모의 이름을 외치며 고국땅을 두 번 다시 밟지 못한 채 허무하게 숨을 거둔 가여운 희생자입니다. 그로부터 40여 년이 지나 마쓰마에선은 이 지역의 산업, 경제, 생활과 문화, 교육에 크나큰 혜택을 가져다 주었습니다. 지역 주민들은 이 역사를 파헤쳐 "희생자의 넋이여, 부디 편안하게 영면하소서"라고 명복을 빌고, 헤아릴 수 없는 크나큰 은덕을 기려 자자손손에 전하여 전쟁의 재발을 막고 평화의 결의를 나타내고자 이를 비에 새겼으며, 더 나아가 일본인, 조선인, 중국인의 영원한 선린우호의 원점이 되고자 유지자 일동이 진심을 담아 센넨사 경내에 건립하였습니다.

쇼와 60년(1985) 5월 3일
헌법기념일 유지자 일동

부속비	뒷면	발기인 단체, 개인명
	우측면	〈일본어〉
	좌측면	〈영문〉

해설 1936년 전후로 전쟁 중 무기 제조에 필수불가결한 망간광을 마쓰마에 지방에서 운반하기 위한 철도가 필요해지면서 인명 경시의 돌관공사가 진행된다. 수많은 산과 강을 넘어야 하는 공사로, 철도와 터널 굴착 등 난공사가 이어지는 가운데 조선과 중국에서 강제 연행된 사람들이 열악한 노동 조건에서 강제노역에 시달리다 희생되었다. 조선인 희생자 중 이름이 확인되지 않은 사람만 해도 50명에 달한다. 이러한 사실을 안 센넨사(專念寺) 주지 후쿠시마 노리토시(福島憲俊) 씨와 소학교 교사 아사리 마사토시(浅利政俊) 씨 등이 주축이 되어 협력을 호소하여, 마쓰마에혼초불교회, 초나이연합회, 마쓰마에선 공사에 직접 참여한 사람들 6개 단체 25명으로 구성된 발기인회가 1985년에 건립하여 5월 3일에 제막식을 거행하였다. 이후 매년 5월 3일에 거르지 않고 위령 법요를 올리고 있다. 비의 정면 하단은 한국어, 일본어로 되어 있다.

● 홋카이도

조선인 위령탑·납골당

朝鮮人慰靈塔·納骨堂

소재지	하코다테시 후나미초 27
건립일	1990년 8월 15일
건립자	재일본조선인총연합회 하코다테지부
크기	위령탑: 세로 180cm, 가로 105cm
	대좌: 세로 35cm
비문	정면 조선인 위령탑 / 1990년 8월 15일 건립
해설	하코다테 '조선인위령탑'과 '납골당'은 식민지시대에 한반도에서 강제연행 등으로 홋카이도로 끌려온 조선인 중 가혹한 노동과 사고·질병 등으로 희생된 사람들을 추모하고 위령하기 위하여 유지들이 십시일반 돈을 모으고 하코다테시의 협력을 받아 건립한 것이다. 납골당에는 구 국철·마쓰마에선 건설공사에서 희생된 조선인 유골 6위가 각각 유골함에 담겨 안치되어 있는데, 이는 시민들이 산과 들에서 찾아낸 것들이다. 수집 증언과 수차례에 걸친 조사를 토대로 매장지를 찾아내 발굴했을 때 희생자들의 유골은 서로 포개어진 채 마치 버려진 것처럼 묻혀 있었다. 하코다테에는 고향에서 감언이설에 속아서 혹은 협박에 못 이겨 노무 '위안소'나 기루로 끌려온 조선인 여성들이 많았다. 최소한 몸이 더럽혀지기 전에 죽겠다며 다치마치미사키(立待岬)에서 스스로 몸을 던진 조선인 여성들은 유골조차 없다. 또 조국이 해방된 후(일본의 종전 후) 지금까지 고향으로 돌아가지 못한 채 이역만리에서 숨진 조선인 유골 15위도 안치되어 있다. 매년 많은 시민과 오시마에 거주 중인 재일 조선인들이 위령제를 개최하고 있다.

● 홋카이도

생명의 고귀함에 눈떠 민족의 화해와 우호를 바라는 상

소재지	호로코카나이초 슈마리나이
건립일	1991년 10월 6일
건립자	'생명의 고귀함에 눈떠 민족의 화해와 우호를 바라는 상' 건립위원회
크기	대좌 포함 높이 240cm
비문	정면　염원의 상(願いの像)
	뒷면　없음
부속비	중일전쟁에서 태평양전쟁까지(1935~1943)의 9년 동안, 슈마리나이는 가혹한 강제연행과 강제노동의 현장이었습니다. 수천 명의 일본인 노동자와 3천 명의 한국인·조선인이 메이우선(名雨線, 현 신메이선) 철도 공사와 우류댐 공사에 강제로 종사하였습니다.

강제노역 끝에 숨진 사람들은 잇따라 슈마리나이 땅에 묻혔습니다.
전후 경제 부흥기 동안 우리들은 희생자를 돌아보는 마음을 잃었고

시간은 흘러갔습니다.

1976년에 소라치(空知)에서 한 운동이 시작되었습니다. 철도 공사와 우류댐 공사 희생자를 조사하고, 유골을 발굴하여 추모하는 '민중사 발굴 운동'에 많은 사람들이 참여하면서 슈마리나이에서 '추도법요협력회'가 결성되었습니다.

참가자들이 조사한 결과, 이 공사에서 희생된 204명(현재까지)의 이름이 판명되었습니다. 그중에는 강제연행으로 끌려온 36명의 한국인·조선인 희생자도 포함되어 있었습니다.

1980년부터 4차례에 걸친 발굴 조사에서 슈마리나이 공동묘지 주변의 조릿대나무 숲 아래에서 16구의 유골이 발굴되었습니다.

이 유골들은 참가자의 손으로 이장되어 40년 만에 유족의 품으로 돌아갔습니다. 한국으로 유골을 반환하는 여정은 계속 이어졌습니다.

전쟁의 회오리 속에서 산간지에서 목숨을 잃은 '다코'라 불리던 수많은 노동자들의 통곡과 타국으로 끌려온 사람들의 분노와 비탄에 젖은 우리들은 이 운동을 통하여 두 번 다시 이러한 희생을 강요해서는 안 된다는 것을 배웠습니다.

여기에 희생자들, 유족 그리고 생명의 고귀함에 눈뜬 모든 이들의 마음을 담아 이 상을 세웁니다.

이 땅에서 인간 생명의 존엄성을 되찾아 민족의 진정한 화해를 실현하기를 바라며

1991년 10월 6일
'생명의 고귀함에 눈떠 민족의 화해와 우호를 바라는 상'
건립위원회 일동

해설 부속비의 내용과 같다.

● 홋카이도

모이와 藻岩 희생자의 비

소재지	삿포로시 미나미산주조니시 10초메
건립일	1994년 6월 11일
건립자	홋카이도전력 모이와발전소 건설공사 희생자의 비를 세우는 모임
크기	모뉴먼트 포함 높이 약 400cm
비문	모이와 희생자의 비

삿포로 시민에게 문화 생활의 원천인 물과 전기를 공급하고 있는 홋카이도 모이와발전소와 삿포로시 모이와정수장 건설공사는 1934년에 착공되어 발전소는 1936년에, 정수장은 그 이듬해에 완공되었습니다.

이 두 시설에 공급되는 도요히라강(豊平川)의 물은 미스마이(簾舞)의 댐에서 지하를 달려 도수로를 통과하여 모이와산 산허리에 위치한 발전소로 운반되며, 다시 그곳에서 후시미에 위치한 모이와정수장으로 운반되어 총 길이 13킬로미터에 달하고 있습니다.

정수장은 삿포로시 직영공사로 착수되었습니다. 발전소는 홋카이수력발전주식회사(현 홋카이도전력의 전신 중 하나)가 발주원으로 가지마구미(현 가지마건설)와 이토구미가 원청, 약 40개의 회사가 하청을 받아 건설되었습니다.

발전소 공사에는 다코베야, 신요베야(信用部屋, 자신의 의사로 토목공이 된 인부들을 수용하던 곳), 출퇴근 노동자들 약 4천 명이 종사하였고, 희생자는 현재까지 적어도 80명이 넘으며, 그중 사망자는 조선인 5명을 포함한 34명을 헤아립니다(추정 포함).

이들 노동자는 대부분 전국 각지에서 생활고에 시달리던 일본인과 일본의 식민지 지배로 머나먼 이국 땅으로 건너올 수밖에 없었던 조선인이었습니다. 그중 많은 이들은 알선업자에게 속아 다코베야에 팔려와 가혹한 노동에 시달린 사람들이었습니다. 하청의 약 절반이 다코베야였으며, 조선인의 다코베야는 3동, 신요베야는 5동이었습니다. 다코베야 노동자는 감금에 더하여 혹사까지 당하였으며, 쇠약해져도 약이 제공되는 경우가 드물었고 때로는 체벌까지 가해져 어떤 이는 생매장을 당하고 어떤 이는 학살되는 등 잔혹하고도 비인도적인 피해를 입었습니다. 또한 신요베야 노동자도 미흡한 안전 대책 탓에 낙반사고 등으로 목숨을 잃었습니다.

머나먼 고향을 그리며 지쳐 쓰러져 아무도 모른 채 어둠 속에 묻혀있는 희생자의 원통함을 풀기 위해서도 그 원인과 책임 소재를 적극적으로 규명해 가야 할 것입니다.

여기에 우리들은 이 공사에 종사한 노동자의 노고를 기리며 많은 시민의 동참과 모금으로 이 비를 건립하여 희생자를 추모하는 동시에, 두 번 다시 이러한 인권 침해가 자행되는 일이 없도록 진실을 후세에 널리 전하고 이 역사를 가슴에 새겨 책임을 다해 나가겠습니다.

1994년 6월 11일
홋카이도전력 모이와발전소 건설공사 희생자의 비를 세우는 모임

해설 위령제는 매년 6월 무렵에 '모이와 희생자의 비를 유지·보급하는 모임' 등이 개최하고 있다.

● 홋카이도

메이우선 철도 공사·우류댐 공사 희생자지표
犧牲者之標

소재지	호로코카나이초 슈마리나이 미마타공동묘지
건립일	2001년 8월
건립자	소라치민중사강좌

비문
정면 메이우선 철도 공사·우류댐 공사 희생자지표(犧牲者之標)
뒷면 없음
댓돌 아시아태평양전쟁 당시, 슈마리나이에서 이루어진 우류댐 공사·메이우선 철도 공사에서는 조선인 강제노동과 다코베야 노동으로 200명이 넘는 사람이 목숨을 잃었습니다. 그중 약 60%가 이 공동묘지와 주변에 묻혔으며, 전후 오랜 세월 동안 그들의 희생은 무시되었습니다.
1980년부터 4년간, 슈마리나이 주민과 소라치민중사강좌가 힘을 합쳐 조릿대숲에서 16구의 유골을 발굴하였습니다.
1997년과 2001년에는 일본인, 한국인, 재일코리언 청년들로 구성된 '동아시아공동워크숍'이 추가로 6구를 발굴하였습니다.
이 유골들은 대부분 신원을 알 수 없었습니다만, 희생자의 유족을 찾아 유골을 돌려주는 활동이 지금까지 이어지고 있습니다.
뒤의 분묘는 2001년의 워크숍에 참가한 청년들이 직접 만든 조선식 무덤입니다.

소라치민중사강좌

해설 비문의 내용과 같다.

● 홋카이도

아시베쓰탄광 내외 순직자·사망자 위령탑, 위령비 '화 和'

소재지	아시베쓰시 혼초 1151 슈가쿠사(秀岳寺) 경내
건립일	2013년 7월
건립자	슈가쿠사 2대 주지 고지마 요시히데(小島良秀)
크기	비: 세로 80cm
	대좌: 세로 35cm
비문	정면 아시베쓰탄광 내외 순직자·사망자 위령탑
	(芦別炭鉱内外殉職者物故者慰霊塔)

정면 하단의 대좌

아시베쓰탄광 내외 순직자·사망자 위령탑

슈가쿠사는 니시아시베쓰(미쓰이아시베쓰탄광)에서 1대 고지마 료젠(小島良善)이 쇼와 16년(1941) 미쓰이탄광소의 협력 아래 창건한 사원이다.

조동종 사원은 이곳 한 곳뿐으로, 다른 종교의 활동도 없던 이 지역에서 포교·교화 활동을 확대하면서 그간 신도는 물론이거니와 탄광 내외 직원, 종업원 그리고 한국, 북한, 중국 등의 강제노동자 및 다코베야 노동자, 순직자, 탄광과 관련한 무연고자, 연고자를 제사 지내고 유골을 맡아 정성을 다해 위령해 왔다.

2대 고지마 요시히데(小島良秀)에 이르러 1977년에 제2차 세계대전(태평양전쟁) 종전 33주년을 맞아 맡아 두고 있던 다수의 유골을 히가시라이조초(東頼城町)에 합사 매장하였으나, 그 후 1987년에 절을 이동하면서 이곳으로 석탑과 모든 유골을 옮겼다.

전쟁과 인권유린이라는 재앙을 두 번 다시 되풀이하지 않기 위하여 기도하고 공양하고 있다.

바라옵건대 이 공덕이 골고루 모든 곳에 퍼져 우리들과 중생 모두 불도의 진리를 깨닫게 되기를 합장

위령비(위령탑의 우측)

和

화 "살아 있는 온갖 것에
행복이 있기를, 평화가 있기를, 안락이 있기를
    또 세상 모든 것에
    무한한 자비가 깃들기를
    위에도 아래에도 또 사방에도
    증오도 없고 적의도 없고 오직 자비만 깃들기를"

부속비(좌측) 2013년 8월에 아시베쓰강 하반 강제연행희생자 유골발굴조사실행위원회 동아시아의 평화를 위한 공동워크숍 일동이 건립

아시아태평양전쟁 중 일본은 한반도에서 70만 명에 달하는 조선인을 일본 국내로 강제로 끌고 와서 탄광과 토목 공사 등에 종사시켰다. 미쓰이아시베쓰탄광으로 끌려온 조선인은 2천 명에 달한다. 그들은 중노동에 시달리며 아시베쓰강가에 세워진 8곳의 협화료(協和寮)에서 궁핍한 생활을 보냈다. 수많은 희생자들이 나왔으나 정성껏 묻히는 일은 없었고 하천 부지에 몰래 매장된 희생자도 있었다. 부끄럽기 짝이 없다.

2012년 8월 24일, 일본·한국 등에서 160명의 남녀노소가 아시베쓰강가에 모여 희생자를 찾기 위한 발굴 조사에 착수하였다. 나흘에 걸친 발굴 조사에서 유골은 발굴되지 않았고, 매장 터로 보이는 구멍만이 발견되었다. 시체는 거듭되는 범람 탓에 아마도 떠내려 갔을 것이다.

유골은 비록 발굴하지 못했으나 참가자는 희생자의 넋을 기리는 동시에 국경과 민족을 초월하여 우정을 다질 수 있었다. 두 번 다시 과오를 되풀이하지 않겠다고 맹세하며 여기에 희생자 추모비를 건립한다.

2013년 8월 21일
아시베쓰강 하반 강제연행희생자 유골발굴조사실행위원회
동아시아의 평화를 위한 공동워크숍 일동

해설 비문의 내용과 같다.

● 홋카이도

70년 만의 귀향

소재지	삿포로시 주오구 기타3조니시 19초메 니시혼간사(西本願寺) 삿포로 별원 내
건립일	2015년 9월 20일
건립자	강제노동희생자추도·유골봉환위원회
크기	댓돌: 두께 30cm 가로 90cm 높이 80cm의 편평한 타원체 비면: 세로 50cm 가로 40cm
비문	70년 만의 귀향 아시아태평양전쟁 중 홋카이도의 탄광, 철도, 도로, 항만, 비행장 건설에 강제연행된 조선인 중 많은 사람이 희생되었다. 삿포로 정토진중 별원에서 합골하여 보관하고 있던 한국 출신 희생자 유골 72구를 2015년 9월 추석에 고국으로 모셔서 서울시립묘지에 안치하였다. 한일 양국 시민의 힘으로 성사시킨 '70년 만의 귀향'의 출발점에 희생자들의 이름을 새겨 '평화의 디딤돌'로 삼는다.
해설	이 비의 비문은 한국어, 일본어로 되어 있다.

● 홋카이도

평화디딤돌

소재지	호로코카나이초 슈마리나이 구 고겐사(光顯寺)
건립일	2016년 8월 22일
건립자	강제연행·강제노동 희생자를 생각하는 홋카이도포럼 외
크기	댓돌: 두께 30cm 가로 90cm 높이 80cm의 편평한 타원체 비면: 세로 50cm 가로 40cm
비문	평화디딤돌 아시아태평양전쟁 중 홋카이도 슈마리나이 (우류)댐과 심메이선 철도 공사에 수많은 조선인 노동자들이 동원되어 혹독한 강제노역으로 45명이 희생되었다. 가족들조차 생사 여부를 알지 못하는 가운데 그 유해들이 이역 땅 조릿대수풀 밑에 묻혀서 잊혀져 갔다. 1980년부터 소라치민중사강좌의 시민활동가들에 의해 발굴된 유골은 1992년과 1998년에 한국의 유족들에게 전달되어 천안 '망향의 동산'에 안장되었다. 1997년부터는 한국과 일본의 청년 학생과 시민들이 함께 '과거를 마음에 새기고, 현재를 이해하고 미래를 열어 가는' 동아시아공동워크숍을 매년 개최하였다. 이들이 발굴한 유골은 2015년 추석, 한국으로 돌아가 서울시립묘지(파주) '70년 만의 귀향' 묘역에 안장되었다. 일본에서 가장 추운 이곳 유마리나이에서 희생된 조선인들의 이름을 새겨 '평화의 디딤돌'로 삼는다.
해설	이 비의 비문은 한국어, 일본어로 되어 있으며 조선인 희생자 45명의 이름이 새겨져 있다.

조선인 희생자 추도비
역사의 진실을 가슴 깊이 새기다

이와테현

● 이와테현

무연다보탑
無緣多寶塔

소재지	가마이시시 오타다코에초 세키오젠사(石應禪寺)
건립일	1965년 8월
건립자	운테이세로 화상(雲汀晴朗和尚)

해설   이 탑에는 전쟁 및 쓰나미 희생자 등 연고가 없는 무연고자가 합사되어 있고, 지하에 유골을 안치하고 있다. 이곳에 한반도 출신 징용공으로 보이는 유골도 30위 이상 모셔져 있다고 한다.

작가인 노조에 겐지(野添憲治) 씨에 따르면, 제2차 세계대전 이전의 가마이시광업소(釜石鑛業所, 가마이시광산)에서는 조선인 노무자 약 1,000명을 비롯한 중국인, 연합군 포로들이 인해전술에 내몰렸다. 또 가마이시제철소에는 약 800명의 조선인 연행자들이 일하고 있었다. 가혹한 노동 환경 속에서 폭파 사고나 연합군 함대의 공격 등으로 수많은 희생자가 나왔으나, 실태는 거의 알려져 있지 않다. 최근 민간 조사에서 함포 공격으로 희생된 조선인 35명이 확인되었다. 이 중에는 2살과 4살짜리 아이들도 포함되어 있으나 가족의 이름은 알 수 없다. 또 일본식 이름의 조선인이 일본인 사망자에 섞여 있을 가능성도 있다. 이 유골은 세키오젠사(石應禪寺)의 무연다보탑에 모셔져 있다(《조선신보》 2007년 8월 27일자 참조).

● 이와테현

추도지비
追悼之碑

소재지	다키자와시 스나코미 389-20 이와테산업문화센터 아피오 제2주차장 옆
건립일	1996년 8월 10일
건립자	추도비건립위원회(현 추도비관리위원회), 재일본조선인총연합회 이와테현 본부, 재일본한국민단 이와테지방본부, 일조우호국교정상화촉진 이와테현민회의, 일한친선협회, 일조우호의원연맹, 일한우호의원연맹
크기	비: 세로 133cm 가로 202cm 폭 21cm 부속비 (좌): 세로 67cm 가로 106cm 폭 8cm 　　　　(우): 세로 67cm 가로 106cm 폭 8cm 대좌　상단: 세로 22cm/11cm 가로 120cm 폭 71cm 　　　하단: 세로 15cm 가로 158cm 폭 110cm

비문	정면	추도지비 / 이와테현지사 마스다 히로야(增田寬也) 서(書)
	뒷면	추도비건립위원회 대표위원(실행위원장) 사토 마사하루(佐藤正春) / 대표위원 (사무국장) 오바라 다케오(小原武郞) / 대표위원 오바라 센료 (小原宣良) / 대표위원 김영철 / 대표위원 김기원

부속비(좌측) 이 추도비는 과거의 불행한 전쟁으로 한반도에서 끌려와 본 현 각지에서 수난을 당하신 분들을 추모하는 동시에 평화의 소중함과 항구 평화를 바라며 건립한 것이다.

1996년 8월 추도비건립 이와테현실행위원회

부속비(우측) 일조우호국교정상화촉진이와테현민회의 이와테현일한친선협회
일조우호이와테현의원연맹 이와테현 일한의원연맹
재일본조선인총연합회이와테현본부 재일본한국민단이와테지방본부
추도비건립특별협력 도이시타건설주식회사

해설 전후 50주년(한반도 해방 50주년)을 맞아 일조우호국교정상화촉진 이와테현민회의와 조총련 이와테현본부가 기념 사업으로 발안하고, 민단과 일한친선단체에 협력을 요청하여 1995년 8월에 추도비건립위원회(위원장 – 사토 마사하루 현의회 의원·자민당, 사무국장 – 오바라 다케오 현민회의 회장)를 발족하였다. 많은 사람들의 찬동을 모아 이와테현에 협력을 요청, 현 소유지를 빌려 이듬해 8월, 제막식과 제1회 추도식을 거행하였다. 매년 9월에 추도식을 개최하고 있으며 매회 조총련 대표, 민단 대표와 현 지사가 추도사를 올리고 있다.

조선인 희생자 추도비
역사의 진실을 가슴 깊이 새기다

아키타현

● 아키타현

나나쓰다테 조혼비
七ツ館弔魂碑

소재지	오다테시 하나오카마치 아자나나쓰다테25 조동종 이와모토산 신쇼사(信正寺) 묘지 내
건립일	1947년 5월 29일
건립자	도와광업주식회사 하나오카광업소
크기	비: 세로 197cm 가로 80cm 폭 14cm 대좌 상단: 세로 45cm 가로 150cm 폭 100cm 대좌 하단: 세로 80cm 가로 244cm 폭 180cm
비문	정면　나나쓰다테 조혼비(七ツ館弔魂碑) 뒷면　쇼와 19년(1944) 5월 29일

나나쓰다테 재해 순직자 존함(이로하순)

이시하라(石原点道)	오가사와라(小笠原勝見)
다바타(田畑正蔵)	야마다(山田魯元)
사이토(齋藤岩次郎)	하타케야마(畠山忠太郎)
오사리(長利留治)	소마자와(杣澤武士)
에가와 용이(江川龍伊)	최홍식
임병산	가네시로 규선(金城 奎宣)
나쓰야마 상우(夏山相佑)	아키야마 준용(商山峻鏞)
뉴이(乳井幸助)	요시다(吉田幸吉)
구리사와(栗澤與四郎)	안권 영수(安權永濤)
호시카와(星川段載)	다케다(武田敬次郎)
오중갑	사이토(齋藤金治)

쇼와 22년(1947) 5월 29일 건립
(조선인 희생자는 11명으로 보인다.)

해설 하나오카광산(花岡鑛山) 나나쓰다테갱에서 발생한 낙반 사고로 생매장된 희생자의 넋을 달래기 위하여 1947년에 건립되었다. 회사 주최의 위령식이 거행되었고 그 후 13주기까지 위령식이 치러졌다. 참고로 조혼비는 당초 나나쓰다테갱 터 부근에 세워졌으나 지금의 신쇼사 묘지 내로 이전되었다. 또 아키타현 조선인강제연행진상조사단은 1998년 5월 30일에 '나나쓰다테갱 순난자 위령제'를 올리고 있다.

● 아키타현

조선인 무연불 위령비
朝鮮人無緣佛慰靈碑

소재지	센보쿠시 다자와코마치 다자와아자테라시타 60 조동종 류조산 덴타쿠사(田澤寺) 묘지 내
건립일	1996년 5월 23일
건립자	다자와코마치 착한 마음 모임(よい心の会)
크기	비: 세로 90cm 가로 76cm 폭 43cm 대좌 상단: 세로 30cm 가로 92cm 폭 75cm 대좌 하단: 세로 55cm 가로 212cm 폭 126cm 착한 마음의 비: 세로 220cm 가로 800cm 부조 '비둘기'(2기, 작자 박병희, 브론즈 기증자 하정웅): 직경 90cm

정면　조선인 무연불 위령비

서력 1940년에 완성된 다자와호수 도수 공사에는 다수의 조선인들이 강제노역에 동원되었다.

과거장(過去帳)조차 없는 조선인 무연고자가 덴타쿠사에 묻혀 있었다.

이에 그들을 위령하며 불행한 역사를 회고한다.

무궁화
고향을 다자와라 부르지 않네 피안화여

뒷면　시주　　다자와코마치 착한 마음 모임
　　　발기인　대표회장 사토(佐藤勇一) 하정웅(글씨)
　　　　　　　가나야(金谷勇之助)　　지바(千葉正登)
　　　　　　　이토(伊藤幹男)　　　　기카와(鬼川頼男)
　　　　　　　다나카(田中昭一)
　　　회원　　아베(安部哲男)　　　　아라키(荒木田博)
　　　　　　　이토(伊藤君夫)　　　　이나다(稲田久)
　　　　　　　오쿠다(奥田敦夫)　　　기무라(木村浩三)
　　　　　　　기카와(鬼川美保子)　　구보(久保焉)
　　　　　　　구마가야(熊谷勇一郎)　구라하시(倉橋清徳)
　　　　　　　구라하시(倉橋明)　　　고바야시(小林清二)
　　　　　　　고토(後藤晃男)　　　　다구치 아이(田口アイ)
　　　　　　　다구치(田口長栄)　　　다구치(田口正紀)
　　　　　　　다카하시(高橋正男)　　다카하시(高橋錬三)
　　　　　　　다케우치(竹内久雄)　　지바(千葉勇)
　　　　　　　나카지마(中島昭二郎)　하야시(林昌子)
　　　　　　　마쓰자키(松崎政志)　　모리사와(森澤建亮)
　　　　　　　모리모토(森元政太郎)　야나다 이쿠(梁田イク)
　　　　　　　와타나베(渡邊三男)　　와타베(渡部政太郎)
　　　　　　　모에다(毛江田眞純)　　호리이(堀井智恵子)

　　　　　　　건립 서기 1990년 9월 23일 시공자 구라이시석재점

착한 마음의 비
(비의 우측 옆 벽면)

비명

1940년에 완성된 오보나이(生保內)발전소와 관련된 다자와호 도수로 공사에서 다마강(玉川), 센다치강(先達川) 그리고 다자와호에서 오보나이발전소까지 3개의 도수로가 굴착되었다. 많은 곤란이 따랐던 이 공사에 수많은 조선인 노동자들이 동원되어 위험한 작업이 맡겨졌다. 또한 센다치발전소, 나쓰세(夏瀨)발전소 댐 공사에는 1944년 이후 강제연행된 조선인들이 강제노역에 동원되었다. 이들 공사 중에 수많은 조선인이 희생되었다.

이 땅에는 결국 고국으로 돌아가지 못한 채 이국의 흙인 된 조선인 무연고자가 묻혀 있다. 가장 불행한 시대에 발생한 통한의 역사를 가슴에 새겨 정화하고자 모금을 통하여 이 비를 세운다.

1999년 11월 11일
건립 다자와코마치 착한 마음 모임 회장 사토(佐藤勇一)

봉찬자 명부(벽면에 봉찬자 명부, 개인·단체명)

스가와라(菅原信治)	후지이(藤井德子)	배재복
최영안	송부자	구라시타(倉下國久)
백옥선	김견희	기쿠치(菊地哲)
미야가와(宮川良一)	기무라(木村貞夫)	도모노(友野弘明)
하세가와(長谷川善樹)	하정길	하정광
미즈타니(水谷忠男)	박승 무안(朴勝武樠)	하양수
하지수	다카하시(高橋文明)	이복희
가네무라(金村詩子)	정득춘	이마세(今瀬賢二)
니시나리(西成辰雄)	노부타(信田幸雄)	엔도(遠藤和義)
아베(安部隆)	이즈미야(泉谷好子)	박대보
윤병도	김재곤	안판석
이상	박성수	박헌일
나카자와(中澤亨)	다자와코에술무라와라비좌	
스기무라(杉本紀一郎)	사쿠라이(櫻井勝信)	후지타(藤田文知)
와타나베(渡邊謙吾)	마쓰다(松田幸子)	남취강
가네야마(金山英子)	배선갑	사사키(佐々木英人)
데라사와(寺沢正則)	다나카(田中恭三)	다나카(田中恒生)

● 아키타현

요시노吉乃광산 조선인 희생자 추도비

추도비에서 약 3미터 떨어진 장소에 있는 석비

소재지	요코테시 마스다 가미요시다
건립일	2012년 6월 30일
건립자	가미요시노(上吉野)부락 일동, 아키타현 조선인강제연행진상조사단
크기	비: 세로 190cm 가로 12cm 폭 12cm
	석비 전체: 세로 145cm 상부 석탑 부분: 세로 62cm 가로 20cm 폭 14cm
비문	정면 요시노(吉乃)광산 조선인 희생자 추도비
	좌측면 2012년 6월 30일
	뒷면·우측면 설명문 요시노탄광의 조선인 강제연행

요시노광산(吉乃鑛山, 요코테시 마스다마치)은 1805년경에 발견되었다고 전해진다. 메이지시대에 들어 요시노(吉野)라고 불려졌다. 다이

쇼 시대에는 광산액이 점차 증가하여 약 3,000명의 노동자가 일하였고 그중 조선인은 200명이었다. 1931년에 스미토모 자본이 출자하였고 아시아태평양전쟁 중에는 대량 증산을 실시하였다. 일본의 구 후생성이 조사(1946년)한 내용에 따르면, 1942년부터 3년간 166명의 조선인이 요시노탄광에 끌려왔다. 모두 징용이었다. 또 자유노동으로 이곳에 들어온 조선인도 많았다고 알려져 있다.

이곳으로 끌려온 조선인들은 가혹한 노동과 식량 부족 속에 사망자가 속출하면서 이곳 가미요시노부락의 공동묘지 옆에 조선인 묘지가 형성되었다. 사망자는 사고 현장에서 운반되자마자 구덩이 속에 매장되었고 그 위에는 돌 하나가 얹혀졌다. 그 수는 약 40명으로 추정된다. 하지만 사망자의 이름에 대한 기록이 없어 고향의 부모, 형제도 모른 채 잠들어 있다.

이 땅에서 희생된 분들에게 우리들이 저지른 죄를 깊이 사죄하고 아울러 다시는 전쟁을 하지 않는 나라를 만들 것을 맹세한다.

2012년 6월
가미요시노부락 일동·
아키타현 조선인강제연행진상조사단

석비	정면 무연공양탑
해설	요시노탄광에서는 조선인 노동자가 강제노역에 시달리다 많은 사람들이 목숨을 잃었으며, 그 후 가미요시노부락의 공동묘지에 묻힌 사실을 마을 주민들은 알고 있었다. 아키타현 조선인강제연행진상조사단이 1997년의 현지 조사 당시, 광산이 폐쇄된 이듬해인 1963년에 지역 주민이 매장된 쪽에 '무연공양탑'(석비)을 세워 조선인 희생자에게 관심을 기울였다는 사실을 듣고, 그해부터 '무연공양탑' 앞에서 지역 주민들과 함께 위령식을 거행하기 시작하였다. 2012년에 가미요시노부락, 아키타현 조선인강제연행진상조사단이 '요시노탄광의 조선인 강제연행'을 기록한 추도비를 건립하기로 결정하고 '무연공양탑'에서 약 3미터 떨어진 곳에 세웠다.

조선인 희생자 추도비
역사의 진실을 가슴 깊이 새기다

후쿠시마현

● 후쿠시마현

닛바쓰누마노쿠라 日發沼倉 수력발전소 건설공사 조선인 순난자 위령비

소재지	야마군 이나와시로마치 미야노니시 발전소 서쪽
건립일	1947년 10월 1일
건립자	재일본조선인연맹 이나와시로지부, 재일본조선민주청년동맹 이나와시로지부
크기	비: 세로 205cm 가로 81cm 폭 17cm 대좌: 세로 45cm 가로 145cm 폭 50cm
비문	정면 닛바쓰누마노쿠라수력발전소 건설공사 조선인 순난자 위령비 　　　서기 1947년 10월 1일 건지(建之) 뒷면 누마노쿠라수력발전소 건설공사 조선인 순난자명(33명 기명) 　　　가나자와(金澤圭卜)　　　　　이하라(井原壬殷) 　　　임장수　　　　　　　　　　이키 경숙(井木慶淑) 　　　마쓰무라(松村仁桂)　　　　　가네무라 천이(金村天伊)

가네시로 연계(金城連桂)	가나모토 명준(金本命俊)
오야마(逢山錄俊)	처산 대선(妻山大先)
마쓰모토 화열(松本花烈)	남갑조
하나오카 수복(花岡壽福)	마쓰다 음봉(松田音峰)
하라다 장창(原田長昌)	장소회
이와모토(岩本秋元)	오오미(大三住稿)
이삼봉 병도	오니시(大西武南)
이종락	주용전
이와카와 민식(岩川敏植)	육영대
기무라(木村豐信)	가나미쓰 준덕(金光俊德)
이병원	기무라 병록(木村炳錄)
장남오	임등
서상림	가네모토 복남(金本福南)

발기인　재일본조선인연맹 이나와시로지부
　　　　재일본조선민주청년동맹 이나와시로지부
　　　　석공 와카마쓰시 사토 만사쿠(佐藤万作)

해설　열악한 강제노동 환경 속에서 희생된 33명의 넋을 달래기 위하여 이 지역의 조선인 동포들이 자발적으로 나서서 건립하였다. 엔도 다쓰마(遠藤辰馬), 이가라시(五十嵐昭), 이광평 씨 등의 증언에 따르면 "한 곳의 노무자 합숙소에 70명 정도가 수용되었고, 우리들이 아는 노무자 합숙소만 해도 16동이 있었으니, 대략 잡아도 1,120명이 있었다"라고 하였다. 또 "내 동포는 270명 있었는데 128명만이 고향으로 돌아갔다. 그래서 나머지 사람들은 어떻게 되었냐고 물어보니 노무자 합숙소 측은 '도망쳤다'고 대답하던데 도망쳤는지 살해되었는지 알 수 없다"고도 하였다.

● 후쿠시마현

조반탄전常磐炭田 조선인 노무 희생자의 비

소재지	이와키시 다이라나카바하시 23 조동종 쇼겐사(性源寺)
건립일	1947년 10월 22일
건립자	조반탄광 조선인 노무자 희생자 위령제 실행위원회
크기	비: 세로 195cm 가로 80cm 폭 11cm
	대좌: 세로 100cm 가로 150cm 폭 120cm
비문	정면 조반탄전(常磐炭田) 조선인 노무희생자의 비
	뒷면 1940년부터 1945년까지 침략전쟁주의자들에게 붙잡혀 산업전사로 징용되어 감히 그럴싸한 미명을 내건 대동아공영권 획득이라는 야욕 아래 전쟁터에서 숨진 조선인 노무희생자들이 있었다. / 당시를 되돌아보면 한마디 입도 떼지 못했을 뿐만 아니라, 풍속과 풍습도 낯선 이 사람들은 (중략) 설비도 완비되지 않은 일터에서 밤낮없이 혹사당하다 결국 아까운 청춘에 요

● 후쿠시마현

추도지비
追悼之碑

소재지	고오리야마시 다무라마치 히가시야마영원(東山靈園)
건립일	1995년 8월 15일
건립자	후쿠시마현 조선인강제연행희생자추도비 건립실행위원회
크기	비: 세로 165cm 가로 90cm 폭 20cm 대좌: 세로 45cm 가로 95cm 폭 95cm

비문	정면 추도지비
	       후쿠시마현지사 사토 에이사쿠(佐藤栄佐久) 근서(謹書)
	뒷면 이 비는 태평양전쟁 당시 일본 군부에 의하여 조선에서 후쿠시마현 120곳에 이르는 사업소로 강제로 끌려와 희생된 분들께 전후 50년을 계기로 추모의 심정을 표하기 위하여 현민의 발원 아래 건립된 것입니다.
	       희생자 분들은 후쿠시마현의 탄광, 광산, 발전소, 군수공장, 토목작업장 등에서 뙤약볕 아래, 추운 한파 속에서, 눈이 내리는 가운데 필설로는 다할 수 없는 가혹한 노동에 내몰렸습니다.
	       우리들은 강제연행에 기인하는 순난을 냉엄한 역사의 진실로 받아들여 조국의 해방, 광복 50년을 맞이하여 고국으로 돌아가지 못한 유골 중 현재까지 확인된 146구를 포함한 분들의 영원한 명복을 진심으로 빌고, 아울러 불행했던 과거를 반성하고

향후 두 민족의 평화, 우호, 친선을 위하여 두 번 다시 전쟁을 하지 않겠다고 맹세하며 여기에 추도비를 건립합니다.

1995년 8월 15일
후쿠시마현 조선인강제연행희생자추도비
건립실행위원회

대표위원
아베(安部隆吉) 전 후쿠시마현 노동금고이사장 / 아라(荒栄一) 전 자민당 후쿠시마현련 간사장 / 이무라(飯村微光) 일본사회당현본부부위원장 / 이토(伊藤文博) 일조우호후쿠시마현민회의 회장 / 엔도(遠藤義裕) 후쿠시마현 노회의 의장 / 오스미(大隅保光) 후쿠시마현 조선인강제연행진상조사단 단장 / 오쓰카(大塚一二) 조선문제연구가 / 고바야시(小林喜成) 목사, 현호헌회의 의장 / 사사키 히로미쓰(佐々木廣充) 변호사 / 다카다(高田琴子) 전 교사, 아케보노모임 회장 / 다나카(田中德木) 고오리야마시불교회 회장 / 야마모토 나카(山本ナカ) 후쿠시마현 부인단체연합 회장

협력자 고오리야마시장 후지모리 에이지(藤森英二)

해설

1991년 6월에 후쿠시마현 조선인강제연행진상조사단(일본인 측)을 결성한 후 5년간 조사활동에 착수하였다. 그 후 현내 61곳 중 4곳을 골라 조사에 들어가 보고서를 작성, 발간하였다. 그리고 전후 50년을 기점으로 조사 활동을 발전시켜 강제연행 중 희생된 분들을 위하여 민간 차원에서 할 수 있는 일을 검토한 결과, 추도비를 건립하기에 이르렀다.

조선인 희생자 추도비
역사의 진실을 가슴 깊이 새기다

사이타마현

● 사이타마현

구 혼조경찰서

소재지 혼조시(本庄市), 유일하게 남은 조선인 학살 사건 터
(현재는 혼조시역사민속자료관으로 이용되고 있음)

해설 일본 정부는 관동대지진이 발생한 1923년 9월 1일 오후 3시경 '사회주의자 및 선인(鮮人)의 방화 다발'이라는 유언비어를 유포한다. 2일 오전 중에 치안 당국은 폭동을 인정하고, 오후에는 무선전신을 통하여 자경 지령을 내렸다.

사이타마현 내무부는 같은 날 13시경부터 전화로 각 군정촌에 자경 지령을 내리며, 4일 사이타마현에 300개의 자경단이 꾸려지고 같은 수의 검문소가 설치되었다. 3일, 고다마군(兒玉郡) 관청의 가도히라 분페이(門平文平) 과장은 현의 통첩에 따라 "조선인이 도쿄에서 나쁜 짓을 했으니 경찰로 넘겨라"라고 전 마을에 지시를 내린다. 이로써 이전까지의 구호 활동과 사뭇 다르게 '조선인 사냥'이 시작되며, 혼조마치(本庄町) 자경단은 도끼와 곤봉 등으로 무장하고 주요 도로에 검문소를 설치하였다.

3일 저녁에 열차로 조선인 20명이 경찰에 수용되었고, 4일에는 트럭에 탄 피난자가 속속 모여들었다. 경찰은 혹여 흥분한 자경단이 보호 중인 피난자들에게 위해를 가할 것이 두려워 군마 방면으로 이송하려 하였다. 하지만 군마 측이 통과를 거부하자, 가미무라

(賀美村) 사무실에 보호하고 있던 일행을 혼조경찰서로 돌려보내기 위해 진보하라무라(神保原村)를 통과하던 중 군중이 트럭을 에워싸고 몽둥이와 곤봉으로 구타해 44명을 살해하였다.

혼조경찰서로 돌아온 남은 인원들을 기다리는 것은 운집한 군중들이었다. 그들은 구호와 동시에 폭도로 변하여 조선인들을 가차없이 덮쳤다. 이 참사를 목격한 아라이 겐지로(新井賢次郎, 경관)는 "군중은 경찰서 안까지 난입해 보호하고 있던 조선인들을 일본도, 죽창, 곤봉, 몽둥이 등으로 때리고, 마치 짐승처럼 살아 있는 사람의 팔을 톱으로 베었고, 부모를 기둥에 묶고 그 앞에서 아이의 목을 쳤다. 학살의 만행은 4일 밤부터 5일 아침까지 이어졌고 88명이 몰살당했다"라고 증언하고 있다.

이 역사적 사실은 현재 '혼조 사건'으로 혼조시역사민속자료관 안에 전시되어 있다.

● 사이타마현

선인지비
鮮人之碑

소재지	사이타마현 혼조시 부쓰모사(佛母寺, 현재는 시문화재 보관소에 비공개로 보관)
건립일	1924년 9월
건립자	다이헤이(泰平)회사와 혼조신문 기자단
크기	대략 세로 120cm 가로 90cm 폭 10cm
비문	선인지비(鮮人之碑)

해설 1923년 9월 4일, 관동대지진 당시 도쿄 방면에서 이송되어 온 조선인들이 고다마군(兒玉郡) 마을에서 처참한 최후를 맞이한다. 이 비는 대학살 사건을 은폐하려는 압력에 저항해 자신의 신념을 관철하여 희생자를 추모한 군마신문 혼조지국장 바바 야쓰요시(馬場安吉)의 호소에 혼조신문 기자단과 다이헤이회사 연예부가 동참하여, 이듬해 9월에 나가미네묘지에 희생자 약 1,000명의 진혼을 빌며 건립한 것이다.

● 사이타마현

선각오도신사
鮮覺悟道信士

소재지	혼조시 고다마 조겐사(淨眼寺)
건립일	1932년 9월 30일
건립자	고다마경찰서원 일동
크기	비: 세로 80.5cm 가로 40.3cm 폭 6cm
비문	정면 선각오도신사(鮮覺悟道信士)
	뒷면 쇼와 7년(1932) 9월 30일 고다마경찰서원 일동 건지(建之)
해설	1923년 9월 5일 저녁, 아수라장이 된 혼조와 진보하라(神保原)에서 도망친 청년은 고다마마치 자경단의 검문소에서 심문을 받는다. 마을 주민들의 질문에 말이 통하지 않아 붙잡혀 있었던 참에, 조선에서 돌아온 마을 주민이 "이 녀석은 조선인이다"라고 외치자 살기등등해진 군중은 일제히 청년을 공격해 순식간에 처참하게 살해하고 만다. 이 사건은 고다마마치 경찰서 앞에 벌어졌음에도 불문에 부쳐진다.
	사건이 있은 지 9년 후인 1932년 9월 30일. 뜻있는 주민과 경찰서원들이 묘를 건립하고 위령제도 치렀지만 이름을 모르는 탓에 묘비에 법명(法名)을 새겨 넣었다.

● 사이타마현

공양탑
(오오하라묘지)

供養塔(大原墓地)

소재지	구마가야시 오하라1초메 오하라묘지
건립일	1938년 7월
건립자	아라이 료사쿠(新井良作)
크기	비: 세로 201cm 가로 91cm 폭 31cm
비문	정면 공양탑 / 육군중장 에바시 에이지로(江橋英次郎)
	뒷면 다이쇼 12년(1923) 9월 1일 오전 11시 58분 돌연 제국의 수도를 중심으로 발발한 대참화 관동대지진은 순식간에 수만의 생명과 수백억의 재화를 빼앗아가고 말았다. 당시 우리나라(일본)는 유럽 대전의 영향을 받아 국내 경기가 대단히 호조세를 보이던 시절로 일반적으로 방종과 사치를 즐기며 이 세상의 봄을 구가하고 있던 때여서 미증유(未曾有)의 대참해로 공포가 더한층 컸고 당황스러움도 심히 컸다. 한때 교통수단은 물론이거니와 통신수단이 끊겨 유언비어가 백출(百出)하고 진상을 알 수 없거나 혹은 이대로 암흑의 세계가 출현할지도 모른다고 생각하게 되었다. 재해 후 국민들은 갑자기 깊이 반성하고 깨달으니 이 참해는 하늘이 내린 벌이다, 천견(天譴)이라며 비정상적인 긴장감으로 되돌아가 오로지 재건의 기백을 불태워 열심

히 노력을 다하여 신속히 그 성과를 올렸으나, 이 재화로 인하여 희생된 많은 생명에 대하여서는 진실로 통한과 애통의 감정을 금할 길이 없다. 이 시에서 조난한 생명은 유코사(熊谷寺) 및 엔코사(圓光寺)의 두 묘지에 매장하여 계절의 법요를 게을리하지 않으나, 장래 황폐해질 것을 우려하여 아울러 분장의 불편함을 해소하기 위하여 금번 시의 유지들이 뜻을 모아 두 묘지의 유골을 하나로 모아 이곳 유코사 묘지 안의 땅을 골라 본 공양탑을 건립하였다. 이로써 생령의 명복을 빌고 희생된 넋들의 갑작스러운 조난을 위로하니, 이 귀중한 희생은 동포 국민의 자각과 반성을 촉구하고 긴장·견실한 기운을 조성하는 데에 기여할 것이다. 제세(濟世)의 공덕은 확실히 크다고 할 수 있으니 어찌 헛된 죽음이 있겠는가. 우선은 당시의 개황을 기록하여 적는다.

쇼와 13년(1938) 7월 사이타마현 구마가야시장
훈육등 아라이 료사쿠(新井良作)

해설 1923년 9월 4일, 조선인 58명이 다카사키 제15연대에 보호를 요청하며 나카센도(中山道)를 이동하던 중에 구마가야마치에서 자경단의 습격으로 학살당하였다. 호송단의 갑작스러운 변모에 공포를 느끼고 탈주를 도모한 피난자들도 잇달아 살해되었다. 도망치는 조선인을 쫓아가 쇠갈고리와 죽창, 곤봉으로 살육하면서 혼마치(本町) 거리는 아수라장이 되었다. 당시 마을의 부책임자이던 아라이 료사쿠(新井良作)는 거리에 적나라하게 놓여 있던 희생자의 시신을 정리하였고, 그 후 15년이 흘러 각지에 묻힌 유골을 한데 모아 유코사(熊谷寺)에 합장하였다. 비문에는 학살당한 조선인을 살아 있는 넋, 즉 '생령(生靈)'으로 표현하고 탑의 건립을 위하여 동분서주하며 애쓴 조선인 '한(韓)'을 '시내 유지'라 적고 있다. '비업횡사선인각거영위추사돈생보리(非業橫死鮮人各居靈位追祀頓生菩提)'라 새겨진 졸탑파(卒塔婆, 불사리를 안치하는 곳)를 철거하는 등 희생자가 조선인임을 의도적으로 은폐하려는 움직임이 있었다. 구마가야시불교회와 일조친선협회[야노 다이스케(矢野泰助)]는 전후 곧이어 위령 활동을 시작하였다. 이시다(石田貞) 씨 등의 요청을 반영하여 구마가야시에서 1985년부터 위령제를 거행하고 있다.

● 사이타마현

감천추우신사
感天秋雨信士

소재지	요리이마치 요리이 864 쇼주원(正樹院)
건립일	미상
건립자	미야자와 기쿠지로(宮澤菊次郎) 외 유지자
크기	비: 세로 66cm 가로 45cm 폭 39cm 대좌: 138.5cm 세로 54.3cm
비문	정면　감천추우신사 우측면　다이쇼 12년(1923) 9월 6일 망(亡) 　　　　조선 경남 울산군 상면 산전리(朝鮮 慶南 蔚山郡 廂面 山田里) 속명 구학영(具學永) 　　　　향년 28세 좌측면　시주 미야자와 기쿠지로(宮澤菊次郎) 　　　　외 유지자
해설	사쿠라자와무라(桜澤村)의 야마자키슈쿠 '마시타야(眞下屋)'에 장기 투숙하며 엿을 판매하던 구학영은 자경단의 습격을 염려하여 자발적으로 경찰에 보호를 요청한다. 1923년 9월 5일 심야. 광인으로 변한 요도무라(用土村)의 자경단 34명이 경찰서로 난입하여 유치장으로 피해 있던 구학영에게 돌과 죽창을 던지고 괴성을 지르며 현관까지 끌어내어 살육하였다. 구학영의 온몸에는 62곳의 치명상이 남아 있었다. 구학영은 자신의 피로 포스터에 '일본인. 죄 없는 자를 벌하였다'라고 써서 남겼다. 《도쿄니치니치신문(東京日日新聞)》 1923년 10월 21일자는 구학영을 '금시(金翅)'라고 쓰고 있다.

● 사이타마현

관동진재 조선인 희생자 위령비

關東震災朝鮮人犧牲者慰靈碑

소재지	가미사토마치 안세이사(安盛寺)
건립일	1952년 4월 20일
건립자	진보하라무라(神保原村)·가미무라(賀美村)·사이타마현 조선인
크기	비: 세로 214cm 가로 83cm 폭 16cm
	대좌: 세로 440cm 가로 191cm 폭 62cm
비문	정면 관동진재 조선인 희생자 위령비
	뒷면 다이쇼 12년(1923) / 관동대진재 위령비

다이쇼 12년(1923) 관동대지진 당시, 조선인이 폭동을 일으켰다는 유언비어가 퍼지면서 도쿄 방면에서 이송된 수십 명이 이곳에서 처참한 최후를 맞이하였다. 그 후 29년 동안 그대로 방치되어 있었는데, 금번 뜻을 가진 일조(日朝) 양국의 유지들이 위령비를 건설하기로 의기투합하였다. 우리들은 통한 속에서도 이 비의 건립으로 과거의 과오를 두 번 다시 되풀이하지 않고 향후 상호 아시아의 동포로서 교류하고 깊이 반성하고 자중하고 함께 손을 잡고 영원한 동양 평화의 형성에 매진할 것이다. 이 비가 그 발로 및 금자탑이 되기를 바라 마지않는다.

1952년 4월 20일 건지(建之) / 문학박사 야나기다 겐주로(柳田謙十郎) 선문(選文) / 삼취(三翠) 기무라(木村貞次) 씀

발기 진보하라무라(神保原村) 가미무라(賀美村) 사이타마현 조선인

찬조 사이타마현 사이타마현의회 고다마군정촌장 동 의장 동 농업협동조합장 일조 유지자

해설 1923년 9월 4일, 군마현으로 이동한 피난자들은 현 경계에서 통과를 거부당하여 어쩔 수 없이 출발지인 혼조경찰서로 되돌아가기 위하여 진보하라무라를 통과하던 도중에 무장한 자경단에게 붙잡혀 44명이 학살당하였다. 무저항 상태의 피해자들 중에 임산부와 아이들이 있었으며, 이들에게까지 말로 표현하기 힘들 정도로 너무나도 잔인한 폭행이 가해졌다. 구타와 살인은 심야까지 이어졌으며, 그중에는 이튿날 아침에 살아난 자도 몇 명 있었으나 혹여 이 학살이 본국에 전해져 복수당할 것이 두려워 그 자리에서 살해하였다.

1952년부터 안세이사에서 매년 9월 1일에 위령제를 거행하고 있다.

● 사이타마현

관동대진재 조선인 희생자 위령비

關東大震災朝鮮人犧牲者慰靈碑

소재지	혼조시 나가미네묘지
건립일	1959년
건립자	혼조시, 일조협회, 유지
크기	비: 세로 265cm 가로 125cm 폭 18.5cm
	대좌: 세로 86cm 가로 185cm 폭 91cm
비문	정면 관동대진재 조선인 희생자 위령비
	일조협회 회장 야마모토 구마이치(山本熊一) 서(書)
	뒷면 1923년 관동대지진 당시 조선인이 폭동을 일으키려 했다는 유언비어가 퍼지면서 도쿄 방면에서 이송되어 온 86명의 조선인이 이곳에서 처참한 최후를 맞이하였다. 그들을 애도하여 다이헤이회사 연예부와 혼조신문 기자단이 이듬해 9월 '선인지비(鮮人之碑)'를 이곳에 건립하였는데, 금번 혼조시의 지원 아래 일조 양국의 유지들이 새로이 위령비를 건립하기에 이르렀다. 조선이 독립하여 조선민주주의인민공화국이 위대한 건설을 추진하고 있는 이 시기에 위령비를 건립하는 것은 통한 속에서도 우리가 보람을 느끼는 바이다. 우리는 어두운 과거에 대한 엄숙한 반성과 밝은 미래에 대한 희망을 담아 이 비를 건립하여 일조 우호와 세계 평화를 위하여 헌신할 것을 땅속에 잠든 희생자에게 맹세하는 바이다.

1959년 가을 원수폭금지일본협의회 이사장 야스이 가오루(安井郁) 선문(選文)

해설 1924년에 건립된 '선인지비'를 개장(改裝)한 것이다. 조선의 식민지 지배를 통탄스럽게 생각한 일본인 유지들이 조선의 독립 이후 '선인지비'라는 표현을 수정하기 위하여 새로운 위령비를 혼조시, 일조협회, 유지들의 협력을 받아 1959년 가을에 건립하였다.

비문에는 희생자가 86명이라고 새겨져 있으나, 재조사 결과 88명으로 판명되었다. 또 부근의 방적회사에서 일하던 조선인 공원(15~20명)도 사건에 휘말렸기 때문에 희생자는 총 100여 명에 달한다.

혼조마치불교회는 이 역사적 사건에 신도가 가세한 사실을 마음 속 깊이 반성하며, 1923년 12월 19일부터 매년 법요를 거행하고 있다.

● 사이타마현

관동대진재 조선인 희생자 위령탑

關東大震災朝鮮人犧牲者慰靈塔

소재지	가미사토마치 안세이사(安盛寺) 묘지
건립일	1993년 9월 1일
건립자	총련 사이타마현북부지부, 민단 사이타마현북지부, 가미사토마치, 안세이사
크기	비: 세로 183cm 가로 64.2cm 폭 64.2cm 대좌: 세로 96cm 가로 189cm 폭 256cm
비문	1923년 9월 1일 관동대지진 70주년을 맞아 희생된 조선 영령의 명복을 빌며 여기에 위령탑을 건립한다 1993년 9월 1일 가미사토마치 재일본조선인총연합회 사이타마현북부지부 재일본대한민국거류민단 사이타마현북지부
해설	당시 학살당한 시신은 자경단이 안세이사 앞 잡목림 속에 큰 구멍을 파서 매장하였다. 그 후 '재일본 관동지방 이재(罹災)동포 위문반'의 조사가 시작된다는 소식에 관령(官令)에 따라 시신을 파내어 그 수를 알 수 없도록 핫초가와라(八町河原) 화장장에서 소각한 뒤 재차 이 절에 묻어 버렸다. 이러한 은폐 공작 탓에 정확한 매장지를 판명할 수 없었다. 총련과 민단의 현지 지부는 민족의 화합과 관동대지진을 기념하고 희생자의 편안한 영면을 바라며 '위령탑' 건립을 호소하였고, 가미사토마치, 안세이사의 협력을 받아 이를 실현하였다.

● 사이타마현

조선인 강대흥 묘
朝鮮人姜大興墓

소재지	사이타마시 미누마구 소메야 조센사(常泉寺)
건립일	2001년 12월
건립자	소메야지구 주민
크기	비: 세로 213cm 가로 13cm 폭 16.6cm 대좌: 세로 82cm 가로 243cm 폭 67.5cm
비문	고묘(古墓) 정면 조선인 강대흥 묘 좌측면 다이쇼 12년(1923) 9월 4일 　　　　공조노여환선정문위(空朝露如幻禅定門位) 관동지방대진재 때 이곳에서 사망 시주 소메야(染谷) 일반 개장비문 정면 추도 / 관동대진재 / 홀연실명난(忽然失命難) / 위수난정령(爲受難精靈) / 근향화등촉(謹香華燈燭) / 공이신공양(供以伸供養) 　　　　헤이세이 13년(2001) 12월 길일 / 당산 제30대 대영원일(大英元一) 합장
해설	1923년 9월 4일 오전 3시경, 경계 중이던 소메아무라 자경단은 피난 온 강대흥을 발견하고 '불령선인을 퇴치하면 훈장을 받는다'는 소문을 믿고 경종을 울리며 추격하였다. 지식인의 만류에도 창과 일본도를 든 우에몬(右衛門), 구마고로(熊五郎), 가쿠조(角蔵), 가시조(樫蔵), 세이키치(淸吉) 들은 필사적으로 살라 달라고 애원하는 강대흥에게 가차없이 달려들어 빈사 지경의 중상을 입혔다. 그 후 강대흥은 다른 마을 주민에게 구조되나 때가 너무 늦어 숨이 끊어지고 만다. 사건을 반성하며 마을 주민은 조선사에 묘를 세웠고, 2001년 12월에 새로운 바람을 맹세하며 개장하여 현재에 이르고 있다. 훗날 피해자의 유족(손자)이 본국에서 발견되었다. 2015년 9월, 오충공 감독이 합동 법요를 청하였으나 이루지 못하였다.

조선인 희생자 추도비
역사의 진실을 가슴 깊이 새기다

지바현

● 지바현

조선인 유골당
朝鮮人遺骨堂

소재지	기사라즈시 나가이사쿠 1－4－66 해중산 젠코사(善光寺)
건립일	1958년 4월 8일
건립자	조선총련 지바현 기미쓰지부 상임위원회
비문	정면　조선인유골당

　　　본 당은 멀리 고국을 떠나 이역에서 조국의 통일·독립과 민족의 완전 해방의 숙명을 품은 채 별세한 동포들의 유연·무연의 유골을 합동 안치하기 위하여 관하 재류 동포들의 지성 어린 협력으로 건립한다.

1958년 4월 8일
재일본조선인총연합회 지바현
기미츠지부 상임위원회

(유골당 우측면에 건설에 참여한 15명의 건설위원과 24명의 특별기부자 이름이 새겨져 있다.)

건설위원장 김재석
건설위원 김응룡 신갑수 안재언 윤영화 김운수 전팔금 정종수 천수선
　　　　　이세덕 정무식 진태주 김일주 김학근 진점출
특별기부자 방명
정명채 이병주 이봉태 이동을 이세윤 최태우 안수열 황귀조
안경진 김기동 홍덕룡 남철웅 정용호 고희철 정시찬 조홍이
김정수 홍대봉 박맹용 김영현 김천순 정종수 정무식 진태주

해설	제2해군항공창(海軍航空廠)의 유골과 관련 유골. 무연고자 유골이 묻혀 있다. 젠코사의 주지가 땅을 제공하고 동포들이 십시일반 돈을 모아 건립하였다. 또 유골당 안의 정면과 입구 우측 선반에 유족이 확인된 31위의 유골이, 좌측 선반에 32위의 무연고 유골이 안치되어 있다. 매년 9월에 유골당 앞에서 고인들의 넋을 달래기 위한 제사를 지낸다. 이 비의 비문은 한국어, 일본어로 되어 있다.

● 지바현

이름 없는 여인의 비

名も無き女の碑

소재지	가모가와시 하나부사 778 지온사(慈恩寺)
건립일	1973년 10월
건립자	가리코미(刈込善一), 이타니(井谷中衛)
크기	비: 세로 96cm 가로 62cm 폭 12cm
	대좌 상단: 세로 25cm 가로 88cm 폭 30cm
	대좌 하단: 세로 92cm 가로 120cm 폭 35cm
비문	정면 이름 없는 여인의 비(名も無き女の碑)
	풍운에 막힌 어둑한 길, 봄이 아직 오지 않은 머나먼 길, 그러나 봄의 도래를 기다리면서 영원히 잠들어라, 여인이여, 이름 없는 여인이여
	뒷면 이번 대전에 연약한 몸으로 야전에 정신(挺身), 혹한과 극심한 더위의 대륙 깊은 곳에서, 또 저 멀리 식량도 없는 남해의 외딴 섬에서 전투에 찌들고 간난신고한 장병을 위로 격려하네 때로는 역병에 고통받고 적탄에 쓰러지네 전투에 패해 산하 없는 뼈 이국에 묻히나 사람들 이를 모르니 전사(戰史)의 그림자 속에 묻히네 아아 이 이름 없는 여인을 위하여 작은 비를 세워 넋을 달래네
	쇼와 48년(1973) 10월 건립 도쿄 이타니(井谷中衛)

| 해설 | 이 비는 전쟁 중 위생병으로 남방(南方)으로 종군한 도쿄의 이타니(井谷中衛) 씨와 지바의 가리코미(刈込善一) 씨가 전지에 있던 '위안부'를 애도하며 몰래 세운 비이다.

조선은 물론 중국, 동남아시아, 태평양 섬의 젊은 여성들이 '위안부'로 희생되었으나, 그 대부분은 조선의 여성들이었다.

이타니 씨와 가리코미 씨는 전후에 우연히 만나 전장에서 목격한 여성들의 처참한 모습을 생각하며 "여성의 존엄성을 무시당하고 가여운 말로를 보내며 희생된 그녀들을 위하여 꼭 위령비를 세워 그 넋을 달래고 싶다"고 의기투합해 위령비 건립을 준비하기 시작하였다.

그러나 주변의 시선은 의외로 차가웠으며 "더러운 여자의 위령비라니"라며 반대 목소리가 제기되면서 비의 건립 장소가 계속 바뀌었고 천신만고 끝에 지금의 장소로 정해졌다고 한다.

가리코미 씨가 사망한 후에는 부인인 도미요(登美代) 씨가 그 유지를 이어받아 지역 주민들의 협력 아래 공양을 계속해 왔다.

● 지바현

아아 종군 위안부

噫從軍慰安婦

소재지	다테야마시 오카 594 부인보호장기입소시설 '가니타 부인의 마을'
건립일	1985년 8월
건립자	후카쓰 후미오(深津文雄) 목사('가니타 부인의 마을' 창설자)
비문	정면 아아 종군위안부(噫從軍慰安婦)
	뒷면 없음
해설	매춘금지법이 제정된(1956) 이후 사회에서 버려진 성산업 종사자를 구제하기 위하여 후카쓰 후미오 목사는 1965년에 부인보호장기입소시설인 '가니타 부인의 마을'을 세운다. 시로타 스즈코 씨(가명)는 전후 40년이 지난 후 처음으로 일본군'위안부'였던 비통한 체험을 당시 시설장이던 후카쓰 후미오 목사에게 고백하였다. 시로타 씨는 피해자가 아니면 도저히 알 수 없는 비통한 증언을 하면서 "여자들에게 지옥이었다"라며 '위안소'에서 성행위를 강요당한 잔혹한 사실을 털어놓았다. 그리고 "옛 동료가 매일 밤 꿈에 또렷하게 나타나 견딜 수가 없습니다. 부디 위령탑을 세워 주세요"라고 말하며 동료의 진혼을 청하였다. 후카쓰 후미오 목사는 시로타 씨의 바람에 부응하여 "이는 두 번 다시 되풀이해서는 안 된다. 위령탑만이 아니라 사실의 기록과 기억을 위하여 비를 세우자"라고 결심하고, 1985년 8월 노송나무 기둥에 '진혼의 비'라고 목사가 직접 먹으로 써서 비를 세

웠다. 그러나 나무로 만든 것이어서 언젠가 썩을 것을 우려하여, 이듬해 1986년 8월 15일에 돌로 된 비를 건립하고 '아아 종군위안부(噫從軍慰安婦)'라 새겨 넣었다.

후카쓰 목사는 1990년 한국 KBS TV의 취재에서 일본군 '위안부' 중에는 한반도 출신 사람들이 많았다고 하면서 "일본은 사죄해야만 한다. 어떻게 사죄할지 모르겠지만 사죄의 마음을 담아 이 비를 세웠다", "돌에 새긴 '아아 종군위안부' 중 '아아'는 입 구(口) 변에 뜻 의(意) 자를 써서 말이 막혀 도저히 나오지 않는 모습을 나타내고 있다", "이곳에는 많은 한국, 북한 사람이 있지만 누구도 그 사실을 밝히려 하지 않는다. 내가 대표로 용서를 구하고 사죄의 뜻을 표하고 싶다"라고 말하였다. 비 아래 흙 속에는 후카쓰 목사가 직접 '속죄'라고 새긴 돌이 묻혀 있다.

● 지바현

법계무연탑
法界無緣塔

소재지	후나바시시 마고메초 1216 후나바시시영 마고메 영원(靈園) 내
건립일	1924년 9월 1일
건립자	당시 사이후쿠사(西福寺) 주지를 중심으로 한 '후나바시마치불교연합회'
크기	비: 세로 124cm 가로 42cm 폭 8cm 대좌: 세로 11cm 가로 65cm 폭 24cm
비문	정면 법계무연탑(法界無緣塔) 　　　후나바시마치불교연합회 뒷면 다이쇼 13년(1924) 9월 1일 건지(建之)
해설	관동대지진 직후인 1923년 9월 4일, 가마가야(鎌ケ谷)의 자경단이 호쿠소철도(北總鐵道, 현 도부노다선) 공사 노무자 합숙소에서 일하던 조선인 노동자를 후나바시경찰서로 끌고 가던 도중, 후나바시 아마누마(天沼) 부근에서 후나바시의 자경단이 이를 발견하고 조선인 노동자를 살해하고 만다. 학살된 시신은 소각되어 주변 밭에 묻혔다고 알려져 있으며, 당시 "화장 냄새가 후나바시 전체를 뒤덮었다"고 전한다. 후나바시마치불교연합회는 "조선인이 나쁜 짓을 하였다"는 거짓 유언비어를 전제로 하면서 조선인 희생자의 넋을 달래기 위하여 신바시역 부근에 있던 구 후나바시마치 화장장 근처에 이 비를 건립하였다. 하지만 이 비에는 사건과 관련된 내용이 조금도 적혀 있지 않으며 이것만으로는 어떤 비인지를 알 수 없다. 당시의 매서운 정세와 양심의 갈등을 엿볼 수 있다. 1963년 7월, 후나바시시 마고메 영원에 '관동대진재 희생 동포 위령비'와 함께 이설되어 나란히 서 있게 되었다.

● 지바현

관동대진재 희생 동포 위령비

關東大震災犧牲同胞
慰靈碑

이장비

소재지	후나바시시 마고메초 1216 후나바시시영 마고메 영원(靈園) 내
건립일	1947년 3월 1일
건립자	재일본조선인연맹 지바현본부, 조총련 지바현 후나바시지부, 후나바시를 중심으로 한 지역 동포들
크기	비: 세로 301cm 가로 130cm 폭 17cm 대좌: 세로 86cm 가로 160cm
비문	정면 서기 1947년 3·1혁명기념일 준성(俊成) 관동대진재 희생 동포 위령비(關東大震災 犧牲 同胞 慰靈碑) 재일본조선인연맹 지바현 본부 건지(建之) 뒷면 世紀 千九百二十三年 九月 日 本關東地方 大震災時에 軍閥官僚는 混亂中 罹災 呻吟하는 人民 大衆의 暴動化를 憂慮, 그 自己 階級에 對한 憎惡의 感情을 進步的 人民解放 指揮者와 少數民族에 轉嫁시키고 이것을 抑壓抹殺함으로써 軍部獨裁를 確立하려고 陰謀하였다 當時 山本軍閥內閣은 戒嚴令을 施行하고 社會主義者와 朝鮮人들이 共謀하야 暴動計劃中이라는 無根한

말로 在鄕軍人과 愚民을 扇動敎唆하야 社會主義者와 우리 同胞를 虐殺하게 하였다 在留同胞中에서 此 凶變蠻行에 非殺者 六千三百余 名을 算하여 負傷者 數萬에 達하니 그 犧牲同胞의 怨恨은 實로 千秋不滅할 것이다 그러나 解放된 우리는 世界 民主 勢力과 提携하여 海內 海外의 國粹的 軍國主義의 反動 殘滓 勢力을 撲滅하고 眞正한 民主朝鮮을 建設하며 世界 平和를 維持함으로써 宿怨雪辱하도록 積極 鬪爭할 것을 盟誓하면서 犧牲者 靈을 慰勞키 爲하여 此에서 小碑를 建立함

在日本朝鮮人聯盟中央總本部 委員長 尹槿撰

이장비

('관동대진재 희생 동포 위령비'와 같은 부지 안에 '법계무연탑'을 이장한 경위를 후세에 전하기 위한 '이장비(移葬碑)'가 세워져 있다. 원문은 한자 한글 병용)

아래

관동대지진 당시 희생된 동포의 묘인 후나바시시 혼초 2초메 618번지가 환경에 적합하지 않아 1963년 7월 19일에 이곳으로 이장하였습니다.

1963년 9월 19일
재일본조선인총연합회 지바현 서부지부 위원장 문동선
이송실행위원장 박수근
위원 노성목 배수근 이기호 서용기 신수남

해설

후나바시 자경단에 의한 조선인 학살과 관련해서는 9월 4일과 5일 양일에 걸쳐 5건의 기록이 남아 있다. 정부 조사에 따르면 총 58명의 조선인이 희생되었다. 제2차 세계대전 발발 전 매서운 정세 속에서 동포들이 모여 두 차례 추모·공양을 하였으나, 관헌의 엄격한 통제 탓에 그 후 조국이 해방될 때까지 추모 행사를 치르지 못했다. 전쟁 동안 희생이 극히 많았던 후나바시에서 전후 이 학살의 진상과 진실 그리고 그 교훈을 후세에 남겨야 한다는 사명감 아래, 재일본조선인연맹 지바현 후나바시지부와 후나바시를 중심으로 한 지역 동포들이 힘을 합쳐 십시일반 돈을 모아 희생 동포를 위한 위령비 건립 운동을 전개하였다. 그 결과 학살된 조선인이 소각되어 버려진 화장장 부지[현재 후나바시시 기타모토마치(北本町)의 구 후나바시 화장장→아사히글라스공장 옛터]에 3·1인민봉기 28주년을 기념하여 위령비를 건립하였다.

총련 서부 지부의 재일 조선인은 1947년부터 매년 거르지 않고 9월에 일본 각계 인사들과 함께 추도식을 열고 있다.

● 지바현

무연불지묘
無緣佛之墓

소재지	야치요시 오와다신덴 917-6 오카자키외과클리닉 맞은편
건립일	1972년 5월
건립자	오와다신덴 시모구 유지 일동
크기	비: 세로 65cm 가로 66cm 폭 12cm 대좌: 세로 20cm 가로 80cm 폭 36cm
비문	정면　쇼와 47년(1972) 5월 　　　무연불지묘(無緣佛之墓) 　　　오와다신덴 시모구 　　　유지 일동 건지(建之) 뒷면　없음
해설	'무연불지묘(無緣佛之墓)'는 관동대지진 당시 학살된 3명의 조선인을 교통사고로 길에 쓰러져 죽은 무연고자와 합장하는 형태로 1972년에 오와다신덴의 유지들이 건립한 것으로, 옛 오와다마치에서 가장 일찍 주민들이 공양하였던 묘비다. 비 아래에는 희생자의 유골이 없다. 묻힌 곳은 마을의 공유지로 알려져 있으나 확실한 장소는 알 수 없다. 이 사건은 1976년에 추도·조사실행위원회의 오다케(大竹米子) 씨가 지역의 목사로서 향토사클럽 학생들과 고장의 노인에게 증언을 들으면서 밝혀졌다. 당시 학생들이 증언을 토대로 만든 수기 팸플릿 『오와다신덴의 조선인 학살 진실을 파헤치다』가 남아 있다.

● 지바현

진재 이국인 희생자 지심공양탑

震災異國人犧牲者 至心供養塔

소재지	야치요시 가야다 1427 가야다잔(萱田山) 초후쿠사(長福寺) 묘지 내
건립일	1983년 3월 길일
건립자	제안자인 기미즈카(君塚國治) 씨와 모미요묘지를 개장한 사람들
크기	비: 세로 61cm 가로 31cm 폭 22cm
	대좌: 세로 14cm 가로 67cm 폭 54cm
비문	정면　진재 이국인 희생자(震災 異國人 犧牲者)
	지심공양탑(至心供養塔)
	뒷면　다이쇼 12년(1923) 9월 모일
	모미요묘지 개장 일동
	쇼와 58년(1983) 3월 길일 건지(建之)
해설	1983년, 주변의 대규모 주택지 개발로 공동묘지를 이전하면서 사건을 증언한 기미즈카 노인의 제안으로 공동묘지 구석에 오랜 세월 묻혀 있던 조선인 희생자 3명의 유골을 파내었다. 이전지인 초후쿠사 묘지에 '지심공양탑'을 세우고 그 아래에 유골을 안치하였다. 희생자를 '이국인'이라고 지칭한 까닭은 "조선인이라고도, 한국인이라고도 쓰기 어려웠기" 때문이라고 한다.

● 지바현

고즈산 高津山
관음사 내
모뉴먼트

1. 위령종慰靈鐘과 보화종루普化鐘樓

| 건립일 | 1985년 9월 1일 |
| 건립자 | 관동대진재 한국인 희생자 위령종을 바치는 모임 |

해설 1983년에 한국 국제아동청소년연극협회 이사장인 김의경 씨와 민속극연구소의 심우성 씨가 『잃어버린 역사를 찾아서』라는 제목의 관동대지진 관련 작품을 제작하기 위하여 일본을 방문하여 조선인이 학살되어 묻힌 '나기노하라(なぎの原)'를 찾은 것이 계기가 되었다. 탑파만 서 있는 현장을 보고 귀국 후 학자, 문화인, 종교인 등과 상의하여 '관동대진재 한국인 희생자 위령종을 바치는 모임'을 결성하여 기금과 기부를 통하여 모든 재료를 한국에서 조달하고 한국의 기술자까지 동행하여 건립하였다. 건설 과정은 관동대지진 당시 발생한 조선인 학살 사건을 다룬 다큐멘터리 영화인 〈불하된 조선인-관동대진재와 나라시노 수용소〉(1986년 오충광 감독)에 기록되어 있다.

2. 관동대진재 한국인 희생자 위령시탑
關東大震災韓國人犧牲者慰靈詩塔

건립일	1990년 9월 7일
건립자	한·일불교관동지진순국위령협의회
크기	비: 세로 210cm 가로 70cm 폭 60cm(위 꽃모양의 오브제 제외)
	대좌: 세로 30cm 가로 110cm 폭 97cm
비문	정면 관동대진재 한국인 희생자 위령시탑(關東大震災 韓國人 犧牲者 慰靈詩塔)
	뒷면 관동대진재 한국인 희생자 위령 일붕 시비(關東大震災 韓國人 犧牲者 慰靈 一鵬 詩碑)
	관동대진 경천지(關東大震驚天地) 겁화염광동십방(劫火焰光動十方)
	당시상명제영가(當時喪命諸靈駕) 동첨불은초락방운(同沾佛恩超樂邦韵)
	삼장법사법왕종왕(三藏法師法王宗王) 일붕서경보(一鵬徐京保)

좌측면	비문 내 시작가 약력(碑文 乃 詩作家 畧歷)
한국 제주 출생. 대승정(大僧正). 조사(祖師). 라마 활불(活佛). 관장(管長)
일붕 선교종 종정. 삼장법사. UN전권대사. 국제국회의원. 세계불교법왕청 설립위원장. 한국14개종단법왕. 69개 박사. 532건 저서. 551개 일붕 시비. 55개 동상·석상입금 복락기각(復洛記刻)
우측면	한·일불교관동지진순국위령협의회 한국 대표
대한불교법상종 종정대행 총무원장 연담 우영명
일·한불교관동지진순국위령협의회 일본 대표
관음사 주지 세키(關光禪)
건립위원장 일산(一山) 정수진　위원 서병렬　위원 김동암
위원 남경진　위원 노재홍　위원 최위불
위원 일학(一鶴) 오일석　위원 석지공　위원 이재복
위원 김원식　위원 이창근　위원 김창락
위원 정정진　위원 우종태　위원 김영락
서기 1990년 9월 7일 입(立)
해설	한국의 불교회와 간노사의 교류가 진전되면서 건립에 이르렀다.

3. 관동대진재 조선인 희생자 위령비
關東大震災朝鮮人犧牲者慰靈の碑

소재지	야치요시 다카쓰 1347 고즈산 간논사(觀音寺) 경내
건립일	1999년 9월 5일
건립자	다카쓰구 주민과 고즈산 간논사, 지바현의 관동대지진과 조선인희생자추도·조사실행위원회
크기	비: 세로 75cm 가로 60cm 폭 10cm
	대좌: 세로 25cm 가로 160cm 폭 55cm
비문	정면 관동대진재 조선인 희생자 위령비(關東大震災朝鮮人犧牲者慰靈の碑)
	헤이세이 11년(1999) 9월 5일 건립
	뒷면 야치요시다카쓰구특별위원회 위원장 에노사와 다카유키(江野澤隆之)
	다카쓰구민 일동
	고즈산 간논사 주지 세키(關光禪)
	관동대진재조선인희생자추도조사실행위원회 위원장 요시카와(吉川淸)
	시공 ㈜이시토모공업
해설	관동대지진 직후인 1923년 9월 7~9일에 걸쳐 고즈산 간논사 부근의 '나기노하라(なぎの原)'에서 6명의 조선인이 학살당하였다. 1965년 무렵, 신도 노인이 희생자를 위하여 탑파(塔婆. 스투파) 공양을 제안하면서 간논사 주지 등이 주축이 되어 비밀리에 공양을 시작하였다. 1978년에 '지바현의 관동대지진과 조선인희생자추도조사실행위원회'가 출범하였고, 관동대지진 60주기인 1983년에 그간의 조사를 정리한 『말없이 살해된 사람들 - 관동대지진과 조선인(いわれなく殺された人びと— 關東大震災と朝鮮人)』을 출간하였다. 이해 9월 10일에 다카쓰구 주민, 간논사, 추도·조사실행위원회 3자의 공동 주최로 '나기노하라' 현장에서 위령제를 거행하기에 이르렀다. 1987년 7월 24일에 유골수습·위령비건립위원회가 결성되어. 지역 주민의 동의 아래 1998년 9월 24일에 유골 수습을 위한 발굴이 시작되었다. 유골은 같은 해 10월에 화장되어 골분이 간논사에 안치되었다. 이듬해 9월 5일, 간논사에서 제17회 합동위령제가 거행되고 위령비 제막식이 개최되었다. 이후 이 위령비 앞에서 매년 9월 초순에 합동위령제가 열리고 있다.

● 지바현

무연공양탑
無緣供養塔

소재지	야치요시 가야다마치 728 야치요시민회관 옆 나카다이묘지 내
건립일	1995년 2월
건립자	나카다이묘지 관계자 일동
크기	비: 세로 135cm 가로 94cm 폭 13cm 대좌: 세로 90cm 가로 152cm 폭 122cm
비문	정면 무연공양탑(無緣供養塔) 뒷면 헤이세이 7년(1995) 2월 길일 　　　나카다이묘지 관계자 일동 건지(建之)
해설	관동대지진 당시, 가야다의 나카다이묘지는 나라시노수용소에서 "줄 테니까 받으러 와라"라는 말을 듣고 받으러 간 조선인을 학살한 장소다. 1993년 8월에 열린 '관동대지진 70주기 기념 집회'에서 사건 당시 소학교 4학년이었던 야기가야 다에코(八木ヶ谷妙子)씨가 이 묘지에서 조선인이 주민에게 살해당하였다고 증언하였다. 집회가 끝난 후 야기가야 씨가 지역에 비의 건립을 호소한 것이 공양탑 건립으로 이어졌고, 2년 후인 1995년에 지역 주민들에 의하여 '무연공양탑'이 세워졌다. 또 야기가야 씨는 "이 묘지의 흙을 한국으로 들고 가서 그를 한국에 돌려보내고 싶다. 그 사람 눈이 나를 보고 있는 듯한 느낌이 든다"고 말하였고, 1998년에 한국 청년의 도움으로 나카다이묘지의 흙이 한국에 전해졌다. 야기가야 씨가 위령제에 참석하여 당시 나카다이묘지에서 목격한 상황을 설명하는 모습은 사쿠라(佐倉)에 위치한 역사민속박물관의 관동대지진 코너에서 관람할 수 있다.

조선인 희생자 추도비
역사의 진실을 가슴 깊이 새기다

도쿄도

● 도쿄도

위령비
慰靈碑

소재지	니시타마군 오쿠타마마치
건립일	도쿄도 수도국
건립자	1958년 3월 20일
크기	비: 세로 140cm 가로 400cm 폭 40cm
	대좌: 세로 605cm 가로 327cm 폭 165cm
비문	정면　위령비
	뒷면　(순직자 87명 중 6명의 조선인 이름이 새겨져 있다.)
	한명수 조종훈 박두석 김화선 진춘명 기요하라 효길(淸原孝吉)
	(도쿄도 수도국의 댐 건설 기록과 위령비에 기재되어 있는 조선인의 이름, 연령, 순직 원인, 순직 연월일은 다음과 같다.)
	한명수 35세 낙반 1937. 6. 30. / 조종훈 35세 전락 1939. 5. 21. / 박두석 27세 전락 1940. 7. 30. / 김화선 50세 낙반 1941. 6. 23. / ※ 진춘명 30세 전후 전락 1943. 8. 1. / 기요하라 효길(淸原孝吉) 32세 전락 1952. 12. 7.
해설	오고우치댐은 도쿄도 수도사업의 일환으로 1938년 11월~1943년 10월, 1948년 9월~1957년 11월(1943년 10월~1948년 8월 기간은 전쟁으로 공사 중단)이라는 총 16년간에

걸쳐 완성되었다. 공사에 총 60만 명의 노동자가 동원되었고, 제2차 세계대전 이전과 전쟁 중 공사에서는 25명(조선인 5명), 전후 공사에서는 62명(조선인 1명), 총 87명(조선인 6명)이 희생되었다. 정부가 도쿄도에 '오고우치 저수지 건설' 인가 지령을 낸 1936년부터 댐이 완공되는 1957년까지의 기간 동안 오고우치무라에 1,341세대가 거주하였는데, 오무기시로(大麦代) 지구에는 101세대의 조선인 부락(노동자 합숙소)이 형성되어 있었다. 댐이 준공되어 이듬해 3월 20일에 도쿄도 수도국이 건설공사 중 사망한 순직자 위령비의 제막식과 위령제를 개최하였다. ※ 도쿄도 수도국의 댐 건설 기록에 진춘명 씨의 연령, 순직 원인은 미상이며 순직 연월일은 1943년 8월 1일로 기록되어 있었으나, 1995년 8월 29일 조선인 희생자를 추모하는 모임에 참석한 조카 진기구 씨의 증언으로 순직 연월일이 1942년 8월 10일로 판명되었다.

● 도쿄도

순직자지비
殉職者之碑(多摩湖町)

소재지	히가시야마토시 다마코초3
건립일	1945년 10월 28일
건립자	도쿄도 수도국
크기	비: 세로 114cm 가로 57cm 폭 12cm
	대좌: 세로 36cm 가로 120cm 폭 60cm
비문	정면 순직자지비
	뒷면 (4명 중 2명은 조선인 이름)
	본적 조선 가쓰무라 신길(勝村信吉) 27세
	본적 조선 야스하라 규섭(安原奎燮) 22세
해설	도쿄도 수도국은 군부의 요구에 따라 전쟁으로 오고우치댐(小河內ダム) 건설이 중단되자, 댐 건설에 종사하던 노동자들을 다마호(多摩湖, 야마구치저수지·무라야마저수지) 둑돋기 공사, 방공호 공사 등에 동원하였다.
	야마구치·무라야마 두 저수지의 중간 지대에 2기의 순직자 비가 세워져 있다. 하나는 야마구치저수지의 둑돋기 공사 순직자의 위령비이며, 또 하나는 다마동물원 부근 방공호 공사 순직자의 위령비(무슨 이유에서인지 이 장소로 옮겨졌다)이다.
	야마구치저수지 둑돋기 공사 순직자 위령비에는 4명의 이름이 새겨져 있는데, 그중 가쓰무라 신길(勝村信吉)과 야스하라 규섭(安原奎燮) 2명의 본적은 조선으로 되어 있다.

● 도쿄도

싱가포르 창기 순난자 위령비

殉難者 慰靈碑

소재지	오타구 이케가미 1-31-10 슈에이원(照榮院) 묘견당(妙見堂)
건립일	1983년 4월 11일
건립자	싱가포르 창기 순난자 위령비 건립 협찬회
크기	비: 세로 140cm 가로 92cm 폭 31cm
	대좌: 세로 120cm 가로 195cm 폭 125cm
비문	정면 싱가포르 창기 순난자 위령비(殉難者 慰靈碑)
부속비	문헌(文獻)

제2차 세계대전 후 싱가포르지구에서는 146명의 구 군인 군속이 연합군의 군사재판에서 전쟁범죄자로 처형되었으나, 그 대부분이 잘못된 전쟁의 희생자로 이러한 비운에 울 수밖에 없던 사람들이었다. 더욱이 이들은 조국에 버림받은 채로 '비명횡사'를 앞두고 고뇌하고 또 고뇌하였으며 결국 "내 죽음이 조국 건설에 도움이 될 수 있다면… 또 세계 인류의 평화로도 이어진다면…"이라고 절규하며 산화하였다. / 이들 순난자의 당시 심정을 떠올리면 눈물이 끝없이 흐르며, 또 이러한 비참한 사건이 결코 두 번 다시 일어나서는 안 된다고 맹세하게 된다. 지금 이곳 이케가미의 조용한 숲을 이분들의 편안한 영면의 장소로 정하여 비를 세움으로써 모든 넋들의 명복을 비는 바이다.
쇼와 58년(1983) 4월 11일 싱가포르 창기 순난자 위령비 건립 협찬회

| 부속비 | 비지(碑誌) |

전 영국령 싱가포르 창기감옥 전범 순난자 중 수많은 사람들이 사형되기 전까지 가와사키시 묘초사(明長寺) 세키구치 료쿄(關口亮共)와 이케가미 슈에이윈 다나카(田中本隆)가 옥중에서 교화사로 헌신한 결과 침착하게 죽음을 맞이하였다. 또 순난자가 이 땅에 안식처를 얻을 수 있었던 것은 지난날 다나카(田中本隆), 즉 현 다이혼잔 혼몬사(大本山 本門寺) 제81대 다나카 니치준(田中日淳) 상인의 광대한 인자함 덕분이다.

제7회 위령 법요를 맞이하여 두 상인(上人)의 덕을 영원히 칭송하기 위하여 여기에 추지(追誌)한다.

헤이세이 원년(1989) 4월

(순직자 명부 중 조선인 15명) 김영주 강태협 장수업 김귀자 천광○ 조문상 박영조 김택진 김장록 박영준 박○○ 변○○ 박○○ 최○○ 박정언

● 도쿄도

유텐사 납골당
祐天寺納骨堂

소재지 메구로구 나카메구로 5-24-53

해설 유텐사(祐天寺)의 납골당에는 '우키시마마루(浮島丸)호 사건'의 희생자를 포함하여 전쟁으로 목숨을 잃은 조선인 군인·군속의 유골 700구가 잠들어 있다. 대부분이 창씨개명을 한 일본식 이름인 채이다. 유텐사에는 '우키시마마루호 사건' 희생자, B·C급 전범 사형자, 애니웨톡 환초(Eniwetok Atoll) 전몰자 등의 유골이 임시로 안치되어 있다.

1988년부터 매년 8월에 이 지역 메구로 주민들을 중심으로 전쟁의 역사를 다 함께 생각하고 평화를 맹세하는 추도회를 열고 있다. "이 유골을 하루라도 빨리 유족의 품으로 돌려보내 드리고 싶다"는 바람은 오우미(近江幸正) 씨를 비롯하여 고토 긴페이(後藤均平), 마쓰이(松井勝重), 문태복, 가토리(香取治良), 오가와 나오타로(尾河直太郎) 씨들의 유지(遺志)이며 참가자 전원의 바람도 같다.

한일 정부 간의 교섭이 마무리되면서 2008년 1월~2010년 5월까지 네 차례에 걸쳐 유족이 판명되지 않은 유골 219위를 포함한 총 423위의 유골이 한국으로 봉환되었다. 우키시마마루호 사건(208쪽)의 유골은 재판에서 패소한 후에도 유족의 심정을 고려하여 반환할 수 없었다.

남은 유골은 본적이 남쪽인 유골 275위(모두 우키시마마루호 사건 관련 유골), 본적이 북쪽인 유골 425위(이 중 5위는 우키시마마루호 사건, 4위는 B·C급 '전범' 사형수)이다. 2010년 5월 이후에는 유골 반환이 한 차례도 이루어지지 않고 있다.

추도회에는 1999년부터 메구로구장이, 2015년부터는 후생노동성이 메시지를 보내고 있다.

● 도쿄도

도쿄도 위령당
東京都慰靈堂

소재지	스미다구 요코아미초 2초메 요코아미초공원
건립일	1951년(현재의 모습을 갖춘 시기)
건립자	도쿄도

해설　도쿄도는 1948년부터 도쿄대공습 당시 희생된 신원불명의 유골을 이 위령당에 모셨다. 『도쿄대공습·전재지(戰災誌)』에는 수령인이 없는 희생자 명부에 조선인으로 추정되는 창씨개명 이름이 약 50개 등장한다.

1974년 3월 시점에 도쿄도, 공원녹지과 명부가 작성되어 유골이 도쿄도가 관리하는 이 위령당에 모셔졌음에도, 도쿄도는 2006년 6월 일본 정부의 「한반도 출신 구 민간 징용자의 유골에 대하여」(총무성)에 관한 정보 제공에서 '0'이라고 회신하고 있다.

위령당의 유골 명부 원본과 유골 관리 상황을 도쿄 조선인강제연행진상조사단이 확인한 결과, 원본에는 번호, 인도 연월일, 성명, 실·선반·단·번호, 추정 연령, 당시 주소, 대피 장소, 임시 매장지, 개장 연월일, 화장장, 화장 연월일 등의 칸이 있고 판명된 사실이 기재되어 있었다.

원본 번호 1225 고(故) 김(海)범명 씨가 '헤이세이9(1997). 10. 6 말소'라고 기재되어 있으며, 그 밖에 49명의 경우에는 인도 연월일, 추정 연령, 대피 장소, 개장 연월일이 비어 있었다. 당시의 주소가 적혀 있는 것은 후카가와구 미요시초(深川區三好町) 4-2의 2명과 혼조구 미도리초(本所區 緣町) 2-18, 혼조구 기쿠가와초(菊川町)의 2명 총 4명뿐이다. 임시 매장지는 사루에공원, 리쿠기엔, 긴시초공원, 오야마공원, 아오야마묘지, 도노야마, 야나카, 닛포리, 스미다공원, 우에노의 11곳, 화장장은 미즈에, 마치야, 요요하타, 오치아이, 요쓰기의 5곳이었다.

동 조사단은 계속해서 조사 중이다.

● 도쿄도

추도追悼
관동대진재 조선인 희생자

關東大震災朝鮮人犧牲者

소재지	스미다구 요코아미초공원
건립일	1973년 9월 29일
건립자	관동대진재 조선인 희생자 추도행사 실행위원회
크기	비: 세로 133cm 가로 202cm/273cm 폭 21cm 　　(좌측 명판: 세로 67cm 가로 106cm 폭 8cm) 대좌: (위) 세로 22cm/11cm 가로 120cm 폭 71cm 　　　(아래) 세로 15cm 가로 158cm 폭 110cm
비문	정면　추도 관동대진재 조선인 희생자 　　　(追悼 關東大震災 朝鮮人 犧牲者) 대좌　이 역사 / 영원히 잊지 않으리 / 재일조선인과 굳게 / 손 잡고 / 아시아 평화를 확립하자 　　　　　　　　　　　　　　후지모토 세이키치(藤森成吉)
부속비	정면　1923년 9월에 발생한 관동대지진의 혼란 속에서 잘못된 책동과 유언비어로 인하여 6천여 명에 달하는 조선인들이 소중한 생명을 빼앗겼습니다. 　　　우리는 관동대지진 50주기를 맞아 조선인 희생자를 마음속 깊이 추모합니다. 　　　이 사건의 진실을 아는 것은 불행한 역사를 되풀이하지 않고 민족 차별을 없애고 인권을 존중하여 선린우호와 평화의 큰 길

을 여는 밑거름이 될 거라 믿습니다. 사상과 신조의 차이를 뛰어넘어 이 비의 건설에 보내주신 일본인의 성의와 헌신이 일본과 조선 두 민족의 영원한 친선의 힘이 되기를 기대합니다.

1973년 9월 관동대진재 조선인 희생자 추도행사 실행위원회

뒷면 글 와타나베 사헤이(渡邉佐平) / 헌시 후지모토 세이키치 / 명문 고노에(近江幸正) / 시행 이케가미(池上石福)

해설 1973년 6월, 관동대지진 50주기를 맞아 일조협회 도쿄도연합회를 비롯한 각계의 유지들이 모여 관동대지진 50주기 조선인 희생자 추도실행위원회를 결성하였다. 실행위원회의 대표 위원에는 일조협회회장인 와타나베 사헤이 씨를 비롯한 아이카와(相川理一郎), 이무라(飯村實), 오모리 료조(大森良三), 센다 고레야(千田是也) 미부 쇼준(壬生照順), 야마다 시로(山田四郎), 야마모토 다다요시(山本忠義) 및 도쿄도의회 전회파 대표가 이름을 올렸다. 실행위원회는 비 건립비를 포함한 추도 행사, 자료 출판 행사의 예산을 결정하고 모금 활동을 전개하면서 도쿄도에 허가 신청서도 제출하였다. 같은 해 9월 1일, 기공식과 추도 집회를 열고 9월 29일에 비의 제막식을 거행하였다.

● 도쿄도

도悼
관동대진재 시 한국·조선인 순난자 추도지비
關東大震災時韓國·朝鮮人殉難者追悼之碑

소재지	스미다구 야히로 6-31-8
건립일	2009년 9월
건립자	관동대진재 시 학살된 조선인의 유골을 발굴하여 추도하는 모임, 그룹 호센카(봉선화)
크기	비: 세로 84cm 가로 101cm 폭 15cm
	대좌: 세로 21cm 가로 130cm 폭 75cm, 주변에 징검돌을 배치
비문	정면 도(悼) 관동대진재 시 한국·조선인 순난자 추도지비
	뒷면 1923년 관동대지진 당시, 일본의 군대, 경찰, 유언비어를 믿은 민중에 의하여 수많은 한국·조선인이 살해당하였다.
	도쿄 번화가 일대에서도 식민지인 고향을 떠나 일본으로 건너온 사람들이 이름도 알려지지 않은 채 소중한 생명을 빼앗겼다. 이 역사를 가슴에 새기고 희생자를 추모하여 인권 회복과 두 민족의 화해를 바라며 이 비를 건립한다.

2009년 9월
관동대진재 시 학살된 조선인의 유골을 발굴하여 추도하는 모임
그룹 호센카

설명판 (상단 일본어, 하단 한국어)

관동대지진 당시 한국·조선인 희생자 추도비 건립에 즈음하여

一九一〇년 일본은 조선(대한제국)을 식민지화하였다. 독립운동은 계속 이어졌지만 그때마다 무력으로 진압되었다. 가혹한 식민지 정책 하에서 경제적 상황은 더욱 어려워져, 一九二〇년대에 이르러서는 직업과 면학의 기회를 찾아 조선에서 일본으로 이주하는 사람들이 늘어났다.

一九二三년 九월 一일 관동대지진 당시, 스미다구에서는 혼조 지역을 중심으로 대화재가 발생하여, 아라카와(荒川) 강변에는 피난 나온 사람들로 넘쳐났다. "조선인이 불을 질렀다", "조선인이 공격해 온다" 등의 유언비어가 퍼져, 구 요쓰기다리(四ツ木橋)에서는 군대가 기관총으로 한국·조선인을 총살하였으며, 일반인들도 살해 행위에 가담하였다.

六〇년에 가까운 세월이 지나 아라카와방수로 개설의 역사를 조사하던 어느 소학교 교원이 그 지역의 노인들로부터 관동대지진 당시의 이야기를 들었다. 또한 당시 희생자에 헌화한 사람도 있다는 이야기를 듣고, 조사와 추도를 주변에 호소하였다. 대지진이 나던 해 十一월의 신문기사에 의하면 헌병경찰의 경계하에 강변의 희생자의 주검을 적어도 두 차례에 걸쳐 파내어, 어디론가 운반하였다. 희생자 유골의 그 이후의 행방은 조사할 수가 없었다.

한국·조선인이라는 이유로 살해당하여, 유골도, 무덤도 없이, 진상을 규명하지도, 공적 책임을 묻지도 못한 채, 八六년이 흘렀다. 희생자들을 추도하고, 역사를 반성하며, 민족의 차이로 배척한 마음들을 일깨워 새기고자 한다. 여러 민족이 함께 행복하게 살아가는 일본 사회의 창조를 염원하며, 민간의 여러 사람들이 이 비를 세운다.

二〇〇九년 九월
관동대지진시 학살당한 조선인의 유골을 발굴하고 추도하는 모임
그룹 봉선화

해설 | 1975년경 소학교 교사 기누타 유키에(絹田幸惠) 씨가 아라카와방수로 개착공사를 기록하던 중, 지역 노인에게 옛 요쓰기다리(四ツ木橋)에서 벌어진 조선인 학살 사건 이야기를 들었다. 이를 계기로 1982년 9월에 아라카와제방에서 첫 추모식과 유골의 시굴이 시작되었고, 같은 12월에 '관동대진재 시 학살된 조선인의 유골을 발굴하고 추모하는 모임'이 꾸려져 증언 채록, 자료 조사, 한국 방문 조사, 추모식 등 꾸준히 활동을 이어갔다. 1991년 추모비 기금을 출범하여 모금에 힘쓰는 한편, 하천 부지에 추도비를 건립하기 위하여 정부·지자체와 협상하기 시작하였다. 1993년에는 사회교육단체 '그룹 호센카(봉선화)'를 조직하여 비 건립운동을 활성화해 간다. 하지만 행정기관과의 협상이 결렬되면서 두 단체가 2007년 방수로 옆에 있는 12평의 사유지를 구입하여 지금의 장소에 추도비를 건립하였다. 이 비는 일본인과 재일한국·조선인의 협력으로 세워진 것이다. 비문에 학살 주체가 군대와 민중이라고 명확하게 새겨져 있다.

조선인 희생자 추도비
역사의 진실을 가슴 깊이 새기다

가나가와현

● 가나가와현

요코스카해군 건축부 하청공사 순직자 조혼비
横須賀海軍建築部請負工事殉職者弔魂碑

소재지	요코스카시 미도리가오카 2 료초원(良長院) 내
건립일	1933년 11월
건립자	요코스카건공동지회(横須賀建工同志會) 상해구제회(傷害救濟會)
크기	비: 세로 350cm 가로 141cm
	기단: 세로 175cm
비문	정면 요코스카해군 건축부 하청공사 순직자 조혼비
	(横須賀海軍 建築部 請負工事 殉職者 弔魂碑)
	해군대장 노무라 기치사부로(野村吉三郎) 서(書)

뒷면	(2003년까지의 순직자 성명, 순직 연도와 향년이 적혀 있다. 순직자 51명 중 다음의 31명이 조선인으로 추정된다.)

<table>
<tr><td>정봉유</td><td>배달용</td><td>이태곤</td><td>오순근</td><td colspan="2">아라이 상덕(新井相德)</td></tr>
<tr><td>박복이</td><td>서란수</td><td>윤무오</td><td>김작지</td><td colspan="2">가네모리 태진(金森泰晉)</td></tr>
<tr><td colspan="2">아라이 기익(新井基益)</td><td>정재호</td><td>차영기</td><td colspan="2">가네마루 정부(金丸正夫)</td></tr>
<tr><td>윤석준</td><td>허섭</td><td>김상보</td><td>배문용</td><td>양재우</td><td>최호익</td></tr>
<tr><td>홍우찬</td><td>이창렬</td><td>김준이</td><td>옥영기</td><td>김길문</td><td>박병필</td></tr>
<tr><td>김주직</td><td>김인생</td><td>서병호</td><td>손상범</td><td>구연명</td><td></td></tr>
</table>

해설	'요코스카건공동지회'는 요코스카해군 건축부에 출입하던 공사하청업체 34개사가 1928년 7월 1일에 설립한 단체이다. 그 후 해군직영사업자의 종업원 복지를 도모할 목적으로 상해구제회가 조직되었다. 당시 구 해군기지의 확장을 위하여 조선인들이 공사에 투입되었다가 부상을 입어 목숨을 잃었다. 그 후 이들을 구멍을 파서 묻어 버렸다고 한다. 1933년 11월에 순직자의 넋을 달래기 위하여 료초원 경내에 조혼비가 건립되어 뒷면에 이름을 새기고 위령 법요를 치렀다. 법요는 매년 7월 17일에 열리고 있다. 《조선신보》가 조선인의 이름을 공개하면서 유족들이 확인되었다.

● 가나가와현

위령탑
慰靈塔

소재지	사가미하라시 미도리구 와카야나기 부근 사가미댐 우안
건립일	1962년 12월 재건
건립자	우치야마 이와타로(內山岩太郞, 가나가와현 지사)
크기	비: 세로 282cm 가로 45.5cm 폭 47cm
	대좌 상단: 세로 41cm 가로 91cm 폭 90cm
	하단: 세로 100cm 가로 195cm 폭 195cm
비문	정면　위령탑(慰靈塔)
	뒷면　(순직자 52명의 성명)

　　　　다케야(竹谷とくゑ)　　　오시다(押田音吉)
　　　　김 도인(金山遠龍)　　　우에노(上野市太郎)
　　　　이치하라(市原次郎)　　　우에노(上野久松)
　　　　오카모토(岡本繁太郎)　　오카다(岡田憲次)

김대수	이와무라(岩村判今)
고바야시(小林悅五郞)	고바야시(小林稔)
오토카와(音川歲雄)	치기라(千明操)
고마쓰(小松武雄)	가나자와(金澤達俊)
야마다(山田一郞)	기시(岸幸市)
김계문	가토(加藤貞雄)
와타나베(渡邊桃太郞)	미야지마(宮島源治)
아지사와(味澤淸美)	고사카(小坂益春)
덕송 종오(德宋鐘五)	박본 준호(朴本俊鎬, 일본명 山本正義)
이와모토(井本聖七)	가토(加藤金太郞)
사사키(佐々木八十一)	미야모토(宮本杢錫)
야나기사와(柳沼長司)	양강조
와타나베(渡邊明)	가네다(兼田謙吉)
고세키(古關貞治)	나가이(永井一郞)
사토(佐藤美義)	니시하라(西原吉星)
가네코(金子二郞)	노자키(野崎幸太郞)
에사카(江坂五郞)	히로타(廣田義津)
원민웅	나가이(永井淳)
시모다(下田秀五郞)	구리키(栗城弘)
오노(大野曾壽)	다카지마(高島淸)
스도(須藤東熊)	모토지마(本島政儀)
엔도(遠藤芳雄)	미야자키(宮崎敏郞)

좌측면   쇼와 37년(1962) 12월 재건
　　　　가나가와현 지사 우치야마 이와타로

해설

사가미댐은 1940년에 기공되어 전후 1947년에 완성된 일본 최초의 다목적 댐이다. 제2차 세계대전 이전, 전쟁 중, 전후로 이어지는 댐 건설 공사에 총 350만 명이 종사하였는데, '내지인 40%, 반도인 60%'(현 공문 「사가미하천 물 통제사업 진척 개요」 1943. 11. 27.)였다. 당시 식민지였던 조선에서 수많은 조선인 그리고 포로와 강제연행된 중국인이 다수 동원되었다. 가혹한 노동 환경과 식량 부족, 질병, 사고 등으로 83명[이름이 판명된 수, 일본인 38명, 조선인 17명(추정), 중국인 28명]이 희생되었다. 이 중 유족이 판명된 것은 일본인 12명뿐이다. 1947년에 댐 우안 상류에 나무로 만든 위령탑이 세워졌다. 부식으로 인하여 1962년에 이 '위령탑'을 돌로 재건하여 순직자 52명의 이름을 새겨 넣었다. 중국인과 일본인 학도의 이름은 새겨져 있지 않다.

● 가나가와현

호명 湖銘

소재지	사가미하라시 미도리구 요세 317-1 사가미호공원 내
건립일	1993년
건립자	나가스 가즈지(長洲一二, 가나가와현 지사)
크기	비: 세로 90cm 가로 140cm 사방(상부 70cm 사방)
	원: 직경 100cm
	비 전체 높이: 225cm
비문	정면 호명(湖銘, 일본어)
	좌측면 호명(湖铭, 중국어)
	우측면 호명(한국어)

호명(湖銘)

사가미호수는 우리나라 최초로 만들어진 다목적댐에 의한 인공호수이며 一九四○년에 기공되어 二차 대전 후인 一九四七년에 완성되었습니다.

우리 가나가와현민은 현재도 이 댐과 호수로부터 한없는 은혜-생명의 물과 수력 발전에 의한 클린 에너지-를 향수하고 있습니다.

공사에는 전쟁체제하의 노동력 부족으로 일본 각지에서 모아진 노동자, 근로학도뿐만이 아니라, 포로로서 동원된 중국인과 당시 식민지였던 조선반도에서 국가의 방책에 따라서 동원된 분 등 연 三백수만 명이 종사하셨습니다.

이 역사적 사업의 완성에 있어서는 수몰자나 이 고장 사람들의 큰 협력과, 공사에 종사하신 분들의 노고와 순직, 병사 등 귀한 희생이 있었다는 것을 잊을 수 없습니다.

우리는 전 세계의 사람들과 함께 사는 지역사회 창조를 기원하며 이에 다시 한번 초석이 되신 이 고장 사람들과 관계자 여러분에 대해 감사를 드림과 아울러 불행하게도 돌아가신 일본 각지에서 오신 분들, 근로동원된 연소자 여러분, 중국인, 한국·조선인 여러분의 성함을 새겨 삼가 애도의 뜻을 표합니다.

一九九三년 十월
가나가와현 지사 나가스 가즈지(長洲一二)

뒷면 순직자 83명의 성명(일본어)

사가미호 댐 건설

사가미하천 물 통제사업 순직자 순난자 성명

일본·한국·조선인명

다케야(竹谷とくゑ) 오시다(押田音吉) 김도인(金山遠龍)
우에노(上野市太郎) 이치하라(市原次郎) 우에노(上野久松)
오카모토(岡本繁太郎) 오카다(岡田憲次) 김대수
이와무라(岩村判今) 고바야시(小林悅五郎) 고바야시(小林 稔)
오토가와(音川歲雄) 지아키(千明操) 고마쓰(小松武雄)
가나자와(金澤達俊) 야마다(山田一郎) 기시(岸幸市)
김계문 가토(加藤貞雄) 와타나베(渡邊桃太郎)
미야지마(宮島源治) 아지사와(味澤淸美) 고사카(小坂益春)
송종오(德宋鐘五) 박준호(朴本俊鎬, 일본명 山本正義)
이모토(井本聖七) 가토(加藤金太郎) 사사키(佐々木八十一)
미야모토(宮本李錫) 야기누마(柳沼長司) 양강조
와타나베(渡邊明) 가네다(兼田謙吉) 고세키(古關貞治)
나가이(永井一郎) 사토(佐藤美義) 니시하라(西原吉星)
가네코(金子二郎) 노자키(野崎幸太郎) 에사카(江坂五郎)
히로타(廣田義津) 원민웅 나가미(永井 淳)
시모다(下田秀五郎) 구리키(栗城弘) 오노(大野曾壽)
다카시마(高島淸) 스도(須藤東熊) 모토지마(本島政儀)

엔도(遠藤芳雄) 미야자키(宮崎敏郎)
학도근로동원 3명
다부치(田渕寬次) 이노마타(猪俣洵扶) 가이데(貝出宏)
중국인명
이사충 유목귀 장장영
전협기 장수당 황증립
조연생 종상관 천유길
이귀신 이안록 마해전
동보재 왕복재 가장건
장덕옥 왕신가 왕영화
왕경춘 이종한 장복(보)정
장순향 고우 국보전
곽교진 조이 제봉규
맹회향

해설 1979년에 가나가와현립 사가미호공원 내 일각에 '호명비(湖名碑)'(통칭 구 호명비)가 세워졌으나, 희생자의 이름도 없고 비의 내용도 충분하지 않아 1993년에 호수가 내려다보이는 공원 내 중심에 가나가와현 지사 이름으로 신 '호명비'가 건립되었다. 구 호명비는 신 호명비 아래에 묻혀 있다. 1979년부터 매년 7월에 '사가미호 댐 건설 순직자 합동 추도회'를 실행위원회가 열고 있다.
순직자 이름 중 김도인, 김대수, 김계문, 박본준호(朴本俊鎬), 양강조의 5명과 그 밖의 12명, 총 17명이 조선인으로 추정된다.

● 가나가와현

진재공양
震災供養

소재지	요코스카시 헤미 2초메
건립일	1924년 8월 18일
건립자	이시다(石田登增), 가토(加藤鉄次郎) (발기인으로 30명의 이름이 새겨져 있다.)
크기	비: 세로 195cm 가로 83cm 폭 10.5cm 대좌: 세로 57cm
비문	정면　진재공양(震災供養) 　　　다이쇼 12년(1923) 9월 1일 대진재 조난자(遭難者) 　　　(조난자의 이름 80명, 이로하순, 그중 조선인으로 추정되는 아래 5명의 이름이 포함되어 있다.) 　　　조선일 양순형 이성도 오태근 손해석 　　　다이쇼 13년(1924) 8월 18일 건립 　　　발기인(이로하순)

정면 발기인:

이즈미가와(泉川兵治)	나이토(内藤大吉)	사카시마(坂島仙之助)
구로카와(黒川兼次郎)	이시와타(石渡佐一郎)	야노(矢野祐平)
호리에(堀江直吉)	후카자와(深澤良平)	노쿠다(德田常吉)
데가와(出川政吉)	오후지(大藤屋勝太郎)	야마구치 구미(山口組)
오노(小野忠次郎)	사와키(澤木善七)	오노(小野留藏)

미쓰보리(三堀林作)	가네코(金子金五郎)	스즈키(鈴木長吉)
스미세(角賴倉蔵)	스즈키(鈴木秋造)	가시와기(柏木幸造)
스즈키(鈴木助三郎)	가와토(川戸宗七郎)	이노우에(井上勘平)
요시지마(吉島智龍)	지조우(地蔵尊願主)	다카하시(高橋玄吉)
가토(加藤鉄次郎)	다케이(武井市五郎)	우에다(上田藤蔵)

사토(佐藤瘦石) 서(書)
석공 스즈키(鈴木秋蔵) 각(刻)

뒷면 없음

해설 이 비에는 관동대지진 때, 터널 공사 중에 희생된 80명의 이름이 새겨져 있는데, 조선인으로 추정되는 5명의 이름이 당시 시에서 피해자로 매장·화장한 인명 550명 중에도 기재되어 있다. 따라서 조선인을 일본인과 구별 없이 동일한 비로 공양하고 있음을 알 수 있다.

1924년 토건업 우에다구미(上田組)의 감독으로 공사 현장을 지휘한 우에다[上田藤蔵, 본명 이시다(石田登増)] 씨와 가토(加藤鉄次郎) 씨가 공양비를 세웠고, 지금은 이시다 씨의 친족이 매년 9월 1일에 공양을 드리고 있다고 한다.

● 가나가와현

렌쇼사蓮勝寺의 4개의 비

1. 조혼弔魂 (좌측 첫 번째)

소재지	요코하마시 고호쿠구 기쿠나 5-4-40 기쿠나산 렌쇼사 내
건립일	불명
건립자	해군대좌 무라오 노리요시(村尾履吉)
크기	비: 세로 141cm 가로 76cm 폭 10cm

비문	대좌: 세로 24cm 가로 107cm 폭 32cm
	정면 조혼(弔魂)
	(원문 그대로 인용) 선민(鮮民) 내지의 문화를 동경하여 잇달아 이곳에 도래하여 뜻하지 않게 객사하니 이름 없는 사민에 대하여… 영원히 편안하기를 명복을 빈다
	정5위훈 3등공 5급 무라오 노리요시(村尾履吉) 지(誌)
	뒷면 없음
해설	※ '3. 조선인 납골탑'의 건립 경위와 같다.

2. 조선인 납골탑 전도 개장 기념비
朝鮮人納骨塔 轉徒 改葬 記念碑(좌측 두 번째)

소재지	요코하마시 고호쿠구 기쿠나 5-4-40 기쿠나산 렌쇼사 내
건립일	1947년 3월 25일
건립자	조선인사회사업시설 애린원장 이성칠
	조선건국촉진청년동맹중앙총본부 위원장 홍현기

크기	조선건국촉진동맹 가나가와현 본부 위원장 김종두 비: 세로 119cm 가로 31cm 폭 29cm 지붕: 가로 63.5cm 폭 62cm 대좌 상단: 세로 31cm 가로 62cm 폭 82cm 　　　하단: 세로 21cm 가로 88.5cm 폭 83cm
비문	정면　조선인 납골탑 전도 개장 기념비(朝鮮人 納骨塔 轉徒 改葬 記念碑) 뒷면　한일병합 후 조선인 중 내지로 도래한 자가 끊이지 않았다. 고(故) 해군대좌 무라오 노리요시(村尾履吉)가 솔선하여 이들 조선인의 구제 복지를 위하여 복면(服勉)한다. 그 와중에 고생도 허무하게 내지에서 객사한 망령이 갈 곳이 없어, 사재를 털어 미사와시영(三澤市營) 묘지에 조선인 납골탑을 건립하여 이를 합사하니 실로 장하다. 지난해 무라오 노리요시 군이 죽으며 그 유골을 같은 곳에 묻어 달라고 위촉한 애린원 원장 이성칠 군이 깊이 그 정에 탄복하여, 같은 나라 사람들의 제반 단체와 유지자들 사이를 동분서주하며 노력한 끝에, 이곳으로 옮겨 새롭게 비를 건립하며 기념문을 나에게 위탁한다. 아아 세상이 바뀌어 조선인은 재차 바다를 건너 위풍당당하게 고국으로 돌아갔다. 무라오 노리요시 군의 은정과 이성칠 군의 의거(義擧)는 영원히 두 나라 사람들에게 감동을 안겨 줄 것이다. 우측면　단기 4280년 3월 25일. 쇼와 22년(1947) 3월 25일 / 연주(煙洲) 스즈키 다쓰지(鈴木達治) 찬병서(撰倂書) 　　　　발기인　조선인사회사업시설 애린원장　이성칠 　　　　　　　　조선건국촉진청년동맹중앙총본부 위원장　홍현기 　　　　　　　　조선건국촉진동맹 가나가와현 본부 위원장　김종두 좌측면　찬조원　김종두 박의재 김귀수 윤복용 김형조 홍현기 나종향 　　　　　　　　하문갑 김용덕 정신덕 황창주 배의태 천리석 금양용 　　　　　　　　권말위 장총명 신정수 김용행 이옥동 임성주 허운용 　　　　　　　　이상옥 최훈 정주지 고성호 박용찬 김현성 이방녕
해설	무라오 노리요시 씨가 미사와시영 묘지에 사재를 털어 조선인 납골탑을 건립하였는데 무라오 씨의 사망 후 이성칠씨가 새롭게 이곳에 비를 건립하였다.

3. 조선인 납골탑
朝鮮人納骨塔(좌측 세 번째)

소재지	요코하마시 고호쿠구 기쿠나 5-4-40 기쿠나산 렌쇼사 내
건립일	1933년 7월
건립자	무라오 가문
크기	비: 세로 74cm 가로 28.5cm 폭 28.5cm
	대좌 상단 : 세로 20cm 가로 43cm 폭 43cm
	하단: 세로 9cm 가로 57cm 폭 70cm
비문	정면 (원문 그대로 인용) 됴선인 납골탑
	조선인 납골탑
	뒷면 쇼와 8년(1933) 7월 건지(建之)
	시주 무라오 가문
해설	무라오 노리요시 씨는 1924년 9월 1일, 미사와시영 공동묘지에 목탑을 세우고 1923년에 발생한 관동대지진 당시 학살된 조선인을 위한 추모회를 열었다. 이때 희생자의 묘를 만든 것으로 보인다. 1926년 2월 25일, 재일조선인의 통제와 동화를 목적으로 한 가나가와

현내선협회가 현의 재정 지원을 받아 출범하였다. 무라오 씨는 이 협회의 창립 초기부터 1938년까지 평의원을 맡았다. 또 1933년에 미사와시영 공동묘지에 사재를 털어 조선인의 무연고 유골을 합사하기 위하여 납골탑과 조혼비를 건립하였다.

1935년 2월에는 조선인을 대상으로 한 '극동구락부(極東俱樂部)'를 조직하고 그 사무소를 자택에 두고 경비도 자신이 부담하였다고 한다. 그가 1946년 5월 28일에 서거하자, 이듬해 기독교도인 요코하마의 조선인사회사업시설 애린원 원장 이성칠 씨가 납골탑과 조혼비를 렌쇼사로 옮겼다. 조혼비의 글 중에 누락된 글자를 볼 수 있는데 '천황의 인자(仁慈)'라는 글자를 이전 개장하면서 조선인 청년들이 지웠다고 한다.

4. 한국인 묘지 개수 기념비
韓國人墓地改修記念碑(좌측 네 번째)

소재지	요코하마시 고호쿠구 기쿠나 5-4-40 기쿠나산 렌쇼사 내
건립일	1989년 10월 8일
건립자	재일본대한민국거류민단
크기	비: 세로 149cm 가로 83cm 폭 19cm 대좌: 세로 28cm 가로 116.5cm 폭 56.5cm

| 비문 | 정면 | 한국인 묘지 개수 기념비

재일본대한민국거류민단 가나가와현 지방본부 단장 이칠두

의장 전병무

감찰위원장 박점규

요코하마상은신용조합 이사장 이종대

한국인상공회 회장 전임무

전 민단중앙본부 의장 박성준

서기 1989년 10월 8일 |
|---|---|---|
| | 뒷면 | 비문

한일 양국 간에 발생한 과거의 불행한 역사로 인하여 조국을 떠나 또는 강제로 연행되어 일본으로 건너와 오랜 세월에 걸쳐 조국의 산하를 꿈에 그리며 아무런 보람도 없이 이국의 이슬로 사라진 동포의 심정을 추찰(推察)하면 그 비통함에 절절한 추모의 심정이 북받친다. 이곳에 영면한 넋을 공양하고자 1947년 당시 사회사업가였던 고(故) 이성칠 씨와 고(故) 무라오 노리요시 씨 그리고 이 기쿠나산 렌쇼사의 주지인 시바타(柴田敏夫) 스님이 토지를 제공하는 호의 아래 이곳에 이장하여 진호(鎭護)한 이래 재일본대한민국거류민단 가나가와현 지방본부는 음력 9월 9일을 기하여 위령제를 거행하여 왔다.

그간 수많은 우여곡절을 겪었으나, 이국에서 고향으로 돌아가지 못한 동포들 위에서 생활하고 있는 우리는 두 번 다시 과거의 비통한 역사를 되풀이하지 않고 한일 양국의 선린우호와 희망에 찬 세계 평화를 확립할 것을 맹세한다.

오늘 가나가와현 동포 3만 명의 찬동을 얻어 민단 각급 조직과 동포 유지의 쾌척, 현 주지인 시바타(柴田哲彦) 스님의 깊은 호의 아래 묘지 개수를 실현하였다.

여기에 기념비를 건립하여 영혼들의 명복을 빈다.

서기 1989년 10월 8일

(9개 지부명과 단장명, 1개 단체와 위원장명, 39명의 개인명이 이어진다.) |
| | 해설 | 비문의 내용과 같다. |

● 가나가와현

가나가와 조선인 납골당

神奈川朝鮮人納骨堂

재일본조선인연맹이 세운 탑

소재지	요코하마시 고호쿠구 시노하라초 1252 천종산(天宗山) 도린사(東林寺)
건립일	1961년 1월 21일
건립자	재일본조선인총연합회 가나가와현 본부
크기	모르타르 2층 건물 폭 737cm 안길이 470cm
해설	관동대지진 때, 직접 동분서주하며 유골을 수습한 이성칠 씨(당시 조선기독교 요코하마교회 애린원 원장)는 대지진 이듬해에 가나가와현 조선인법요회(1924. 9. 1.)를 호소사(寶生寺, 미나미구 호리노우치)에서 성대히 거행한 후, 조혼과 위령을 위한 묘소를 미쓰자와묘지에서 렌쇼사 그리고 도린사로 옮겼다. 도린사에서는 1944년부터 조선인에게 묘지를 제공하고 있다. 조선총련 가나가와현 본부는 이성칠 씨의 뜻을 이어받아 1961년 1월 21일에 도린사 내에 '가나가와 조선인 납골당'을 건립하여 유골을 안치하였다. 납골당에는 관동대지진 당시 희생된 조선인 유골(무연, 유연)이 지금도 수십 위 안치되어 있으며, 역대 주지들의 보호 속에 현재에 이르고 있다. 1947년에 '조선인합동묘지비'(현재는 없음) 앞에서 합동위령제가 열렸다. 1960년부터 매년 10월에 '가나가와동포합동위령제'를 거행하고 있다. 지금도 많은 성묘객들이 찾고 있다. 묘지 입구에는 1948년 혹은 1949년경에 재일본조선인연맹이 세운 탑이 있다.

● 가나가와현

관동대진재 한국인 위령비
關東大震災韓國人慰靈碑

소재지	요코하마시 미나미구 호리노우치 1-68 호쇼사(寶生寺) 내
건립일	1970년 9월 1일
건립자	재일본대한민국거류민단 가나가와현 지방본부
크기	비: 세로 263cm 가로 185cm 폭 34cm 대좌: 세로 318cm 가로 70cm 폭 93cm
비문	정면 관동대진재한국인위령비(關東大震災 韓國人 慰靈碑) 　　　설립 위원 　　　재일본대한민국거류민단 가나가와현 지방본부 　　　단장 손장익 　　　의장 전병무 　　　감찰위원장 길병옥 　　　상공회회장 홍균표 　　　상은이사장 이종대 　　　상공회전무 박술조

한국호남인친목회회장 정동인
한국학원이사 최춘식
서기 1970년 9월 1일 건립

뒷면 노동시장을 좇아 일본으로 건너와 관동 일원에 거주하던 한국들은 다이쇼 12년(1923) 9월 1일 정오에 덮친 관동대지진으로 인하여 직접 또는 간접적인 피해를 입어 허무하게도 이국의 이슬로 사라졌다. 이들 원혼은 오랜 세월 기억 속에서 잊혀 있었으나, 제2차 세계대전 종결 후 사회사업가로 요코하마에 거주하던 고(故) 이성칠 씨의 노력과 당시 주지인 사에키(佐伯妙智) 스님의 호의로 이곳에 진혼한 이래 매년 9월 1일을 기하여 민단 가나가와현 지방본부 주최로 위령제를 거행하여 왔다. 기원(紀元) 1970년 9월 1일 위령제 때, 손장익, 전병무, 정동인 씨를 중심으로 발기인 일동의 찬동을 얻어 가나가와현 거주 동포 유지들의 기부와 현 주지 사에키(佐伯眞光) 스님의 토지를 제공하는 호의를 받아 다행히 이곳에 건립하니, 관동대지진으로 희생된 조선인 원혼의 명복을 영원히 빈다.

(7단에 걸쳐 137명의 이름이 기재되어 있다.)

서기 1970년 9월 1일 건립

해설 재일조선인구제단체인 애린원을 운영하던 이성칠 씨는 관동대지진 이후 가나가와현의 모든 사원에 학살당한 조선인의 위패를 모셔 줄 것과 9월 1일에 제사를 지내 줄 것을 부탁하나 대부분의 절이 거절한다. 하지만 호쇼사 주지인 사에키(佐伯妙智) 스님은 이를 받아들여 1924년 9월 1일에 법요가 거행되었다. 그 후 매년 9월 1일에는 추도법요가 열리고 있다. 이성칠 씨는 호쇼사에 '다이쇼 13년(1924) 9월 2일 학살 한국인 제 위패'라고 적힌 흰 나무로 된 위패를 봉납하고 있다.

● 가나가와현

관동대진재 순난 조선인 위령지비

關東大震災殉難朝鮮人 慰靈之碑

소재지	요코하마시 니시구 모토쿠보초
건립일	1974년 9월 1일
건립자	이시바시 다이지(石橋大司)
크기	비: 세로 144cm 가로 15cm 폭 15.5cm 대좌: 세로 62cm 가로 93cm 폭 93cm
비문	정면 관동대진재순난조선인위령지비 (關東大震災 殉難 朝鮮人 慰靈之碑) 뒷면 쇼와 49년(1974) 9월 1일 소년의 눈으로 목격한 일반 시민 건지(建之)
해설	이시바시 다이지(石橋大司) 씨는 소학교 2학년 때에 관동대지진을 당하여 1923년 9월 3일에 가족과 함께 대피하던 도중, 구보산(久保山) 언덕에서 전신주에 밧줄로 묶여 있는 조선인의 시신을 목격한다. 그 광경을 잊지 못한 그는 개인 자격으로 요코하마시 대지진 횡사자 합장지묘가 있는 이곳에 이 비를 직접 건립하였다. 매년 9월 1일에 주지들의 공양이 거행되며, 2013년 관동대지진 90주기부터 관동대진재 당시 조선인 학살의 사실을 알고 추도하는 가나가와 실행위원회의 추도회가 열리고 있다.

조선인 희생자 추도비
역사의 진실을 가슴 깊이 새기다

이바라키현

● 이바라키현

조선인 순난 병몰자 제정령

朝鮮人殉難病没者諸精靈

소재지	히타치시 미야타초 3584-4 모토야마사(本山寺)
건립일	불명
건립자	히타치광산사무소
크기	비: 세로 85cm 가로 45cm 폭 14cm 대좌: 세로 27cm 가로 120cm 폭 60cm
비문	정면　조선인 순난 병몰자 제정령(朝鮮人殉難病没者諸精靈) 뒷면　없음
해설	1954년경, 당시 리더취안(李德全) 여사를 단장으로 하는 중국홍십자회 대표단(중국적십자)이 히타치광산에서 희생된 동포가 있다는 정보를 듣고 현지를 방문하였다. 이때 히타치광산사무소에서는 중국인 희생자의 위령탑도 없는 상황에서 중국홍십자회 대표단을 맞을 수 없어 '중국인 순난 병몰자 제정령'을 건립하였다. 비는 히타치광산에서 희생된 사람들을 화장하기 위하여 만든 화장소인 모토야마사(本山寺) 부근에 세워졌다. 그 옆에 중국인보다 더 많은 사람들이 끌려와 희생된 조선인의 공양탑을 마치 덤처럼 세웠다.

● 이바라키현

이바라키현 조선인 납골탑
茨城縣朝鮮人納骨塔

소재지	히타치시 스와초 1030 히타치헤이와다이영원(日立平和台靈園)
건립일	① 납골탑 1979년 7월 24일(2006년 10월 6일 수복, 개축)
	② 납골당 1979년 7월 24일
	③ 부속비 1990년 8월
	④ 부속비 2006년 10월
건립자	히타치광산사무소
크기	납골탑: 세로 240cm 가로 125cm 폭 40cm
	납골당: 세로 210cm 가로 182cm 폭 151cm
	대좌: 세로 60cm 가로 230cm 폭 100cm
	부속비③: 세로 143cm 가로 86cm 폭 11cm
	부속비④: 세로 90cm 가로 152cm 폭 9cm
	※ 납골당에 보관된 유골 54위(내역: 이름 있음 24위, 이름 없음 24위, 기타 6위)

| 비문 | 부속비③

정면 이바라키현 조선인 납골탑

뒷면 히타치광산 조선인 희생자 이바라키현 조선동포 위령탑건설위원회

   협찬 이바라키현청 히타치시청 니혼광업주식회사

  시공 곤고석재㈜ 미야모토석재㈲

  1979년 7월 길일

부속비④

정면 위령탑은 이바라기현에 거주하는 조선동포들의 애국지성을 모아 1979년 7월 24일에 건립하였다.

 이 탑에 안치되어 있는 유골은 나라를 빼앗기고 고향과 집도 빼앗기고 부모처자들과도 강제로 작별하고 이국땅에 끌려와 성과 이름도 빼앗겨 억울하게 희생된 유골들이다.

 이 유골들엔 찾아가야 할 조국과 고향이 있고 그들이 돌아올 것을 일일천추로 기다리는 부모형제들과 처자들이 있다.

 조국이 해방되고 노예살이가 끝장난 지 근 반세기가 되려는데 객지 고혼이 된 이 유골들은 오늘도 누렇게 변색한 보자기에 싸여 씻을 길 없는 원한을 호소하고 있다.

 그들이 울부짖는 한 많은 외침 소리는 듣는 사람들의 구곡간장을 녹이는구나!

 아, 그들의 소원대로 그들에게 조국 땅 밟게 하고 고향 산천 찾게 하는 날은 과연 언제인가!

 그날은 머지않아 반드시 올 것이다.

 객지 고혼이 된 겨레들이여, 고이 고이 잠드시라!

1990년 8월

뒷면 납골 위령탑 건립 협찬자 명부 기재

부속비⑤

정면 비 건립 유래

 이바라기현에 사는 재일동포들은 거의가 전쟁이 시작되기 전에 일본 식민지가 돼서 강제로 혹은 반강제로 련행되어 온 사람들이며 고향에서 가난한 생활을 견디다 못해 현해탄을 건너온 사람들과 자손들이다.

 현에서 낸 「로무동원계획」에 따라 처음으로 조선인로동자들을

강제로 련행한 기업은 하네다정기 류우가사끼공장이며, 다음은 히따찌광선, 해군 니시쯔꾸바비행장(간자끼구미, 고노이께구미), 죠오반남부탄전, 히따찌제작소 미또공장, 니혼쯔은 쯔찌우라지점 등이다. 동포들이 가장 많이 련행당한 히따찌광산에서 우리 로동자들은 가혹한 로동 조건 아래서 일어난 사고며 가해진 학대, 과로 등으로 하나밖에 없는 귀중한 목숨을 빼앗겼으며 그리운 부모나 처자들을 만나지 못한 채 이국의 흙이 되여, 유골마저 무연불(인연 있는 일가친척들이 없는 유골)로 버림받아 왔다.

이런 상황에서 위분을 못 이긴 재일 1세들이 일떠서 1979년 7월 원한을 안은 채 무참히 죽어 간 동포들을 애도하기 위하여 이바라기현 조선인 납골탑을 세웠다.

그때로부터 어언 27년이란 오랜 세월이 흘러 탑은 풍설 피해를 많이 입어 헐어 빠졌다.

이에 가슴을 아프게 한 재일 2, 3세 동포들이 선인들 의사를 이어받아 힘을 합쳐 새롭게 위령탑으로 수선하고 정비했다. 우리들은 두 번 다시 불행한 력사를 되풀이시키지 않겠다는 뜻과 력사의 엄연한 사실을 풍화시키지 않겠다는 뜻을 가슴에 새겨 평화로운 시대를 만들어 나갈 결의를 새롭게 다지며 수난의 력사를 후세들에게 영원토록 전하련다.

2006년 10월 이바라기현 조선인 위령탑 관리위원회

뒷면　위령탑 수복공사 협찬자 명부 기재
　　　건설위원　서양기 이삼규 이향식 박우복 여차도 이윤영

해설

1945년에 조선이 광복될 때까지 약 8년간에 걸쳐 희생된 조선인 강제연행 노동자는 수백 명이라 알려져 있으며, 그 대부분이 무연고자다. 당시의 실태를 아는 1세 동포들은 그 굴욕을 기록으로 남기고 처참하게 희생된 무연고 희생자를 애도하기 위하여 위령탑 건설에 착수하였다. 비는 이바라키현 동포들이 십시일반 돈을 모아 위령탑에 사용할 석재를 조국에 주문하여, 1979년에 히타치헤이와다이영원 중 가장 탁 트인 곳에 건립되었다.

이 비의 비문은 한국어, 일본어로 되어 있다.

● 이바라키현

조선인 무연공양탑
朝鮮人無緣供養塔

소재지	기타이바라키시 세키모토초 후쿠다 109 나카야마데라(中山寺)
건립일	2001년 3월 길일
건립자	가네무라금속상회(金村金屬商會) 김광자(金光子)
크기	공양탑(사진 가운데): 세로 170cm 가로 91cm 폭 91cm
	석비(본체 우측): 세로 105cm 가로 91cm 폭 7cm
	석비(본체 좌측): 세로 183cm 가로 50cm
비문	우측 석비 정면 쇼와 20년(1945) 전후의 전시 중, 전후의 조선국 출신자를 이곳에 묻다. 이 절의 신도인 김광자는 동포 무연고자의 극락왕생을 빌며 무연고자를 회향(回向)하여 공양탑을 건립하였다. 뒷면 2001년 3월 길일 가네무라금속상회 김광자 김종일 김종사 건립/나카야마데라 101대 俊孝代 좌측 석비 표면 가네무라금속상회 김광자 건립 / 조선인무연공양탑 / 나카야마데라 101대 常葉俊孝 건립

해설 기타이바라키에 거주하는 김광자 씨가 김씨 집안이 시주하는 나카야마데라(中山寺)에 풍화된 무연고자 불상이 있는 것을 발견하고 선대 주지에게 이유를 물으니, 기타이바라키시 세키모토초로 끌려와 전쟁 중 또는 전후에 원통하게 죽은 조선인 탄광 노동자를 위하여 주지가 선의로 세운 무연고자 불상이라는 것을 알게 된다. 절 한구석에 외롭게 서 있는 풍화된 불상을 안타깝게 여긴 김광자 씨는 이곳에서 희생된 동포의 넋을 달래기 위하여 사재를 털어 2001년 3월 절의 정면에 새롭게 '조선인 무연공양탑'을 건립하였다.

조선인 희생자 추도비
역사의 진실을 가슴 깊이 새기다

도치기현

● 도치기현

아시오 조선인 강제연행 희생자 위령비

足尾朝鮮人強制連行
犠牲者慰靈碑

소재지	닛코시 아시오마치 고보시다케(산속) 아시오도잔(足尾銅山) 오타키 센넨사(專念寺) 설교소 옛터
건립일	1994년 8월 28일
건립자	일본조선우호도치기현민모임, 조선총련 도치기현본부, 도치기현 조선인강제연행진상조사단
크기	각탑파(角塔婆): 세로 166cm 가로 12cm 폭 12cm 대좌: 세로 22cm 폭 22cm 명부판: 세로 110cm 가로 142cm 폭 9cm
비문	정면 아시오 조선인 강제연행 희생자 위령비 　　　(足尾 朝鮮人 強制連行 犠牲者 慰靈碑) 뒷면 없음
해설	아시오도잔(足尾銅山)이 도치기현에 제출한 명부를 보면 1940~1945년 8월까지 2,416명의 조선인이 끌려왔다. 도치기현 조선인강제연행진상조사단이 아시오마치 관청 사무소에 남아 있던 당시의 화장 허가서와 아시오마치에 있는 절의 과거장(過去帳)을 조사한 결과, 조선인 73명의 사망 연월일, 사인 등이 판명되었다. 이후 아시오마치 오타키에 임시 묘표를 세우고 재일 조선인과 일본 시민이 함께 추도식을 열고 있다.

● 도치기현

추도비
追悼碑(藤岡飛行場)

소재지	도치기시 후지오카마치 도미요시 간노사(感應寺) 묘지
건립일	2015년 7월 5일
건립자	일조우호현민모임, 조선총련 도치기현본부, 도치기현 조선인강제연행 진상조사단
크기	비: 세로 61cm 가로 76cm 폭 8cm
	대좌: 세로 15.5cm 가로 12cm 폭 24.5cm(두 개로 지탱하고 있음)
비문	정면 추도비(追悼碑)

일본은 과거 한반도를 침략하여 식민지로 지배하였으며, 더 나아가 태평양전쟁 말기에는 조선인을 노무 동원하여 이곳으로 끌고 와서 강제노동을 시켰다.

고바야시(小林豐七) 씨(창씨명) / 하순가 씨 / 호리나카(堀中飛田) 데쓰(テツ) 씨(창씨명)

이 세 사람은 이와후네마치(岩舟町)와 후지오카마치(藤岡町)에 걸쳐 있는 후지오카비행장의 건설 중에 미 공군의 공습을 받아 기관총 소사(掃射, 상하좌우 난사)에 희생되었다. 이 세 사람의 희생을 애도하며 여기에 전후 70주년을 맞아 과거를 깊이 반성하고 역사의 진실을 깊이 기억하는 동시에 불행한 과거를 잊지 않고 후세에 남겨 미래지향적 우호와 바람을 담아 평화의 소중함을 초석으로 삼고자 추도비를 건립한다.

2015년 7월 5일

일본조선우호 도치기현민 모임 / 재일본조선인총연합회
도치기현 본부 / 도치기현 조선인강제연행진상조사단

뒷면　묘지(墓誌)
　　　속명 고바야시(小林豐七) 씨(창씨명)　1945년 7월 10일 사망　54세
　　　속명 하순가 씨 하순가 씨 부인　1945년 7월 10일 사망　미상
　　　속명 호리나카(堀中飛田) 데쓰 씨(창씨명)
　　　　　호리나카(堀中正章) 씨 부인　1945년 7월 10일 사망　44세
　　　　　　　연수산(延壽山) 류스이사(瀧水寺) 과거장에서 발췌함

해설　비문의 내용과 같다.

● 도치기현

추도비
追悼碑(日光鑛山)

소재지	시오야군 이소야마치 우와사와스카우(산속)
건립일	2015년 10월 10일
건립자	일조우호현민모임, 조선총련 도치기현본부, 도치기현 조선인강제연행 진상조사단
크기	비: 세로 61cm 가로 76cm 폭 8cm 대좌: 세로 15.5cm 가로 12cm 폭 24.5cm(2개로 지탱하고 있음)
비문	정면 추도비(追悼碑) 　　　일본은 과거 한반도를 침략해 식민지로 지배하였으며, 더 나아가 태평양전쟁 중에는 노무 동원으로 조선인을 강제연행하여 시오야마치(塩谷町) 요시바신덴(芦場新田)에 있던 니혼광업 닛코광산(日光鑛山)에서 주야로 가혹한 노동을 강요하였다. 그 결과 그들은 목숨을 잃고 이 시오야마치 우와사와 산속에 매장되었다. 　　　가네다(金田源次郎) 씨(창씨명) 　　　장영섭 씨 　　　손정출 씨 　　　니시야마[西山安(義)] 씨(창씨명)

네 사람의 희생을 애도하며, 이곳에 전후 70주년을 맞아 과거를 깊이 반성하고 역사의 진실을 깊이 기억하는 동시에, 불행한 과거를 잊지 않고 후세에 남겨 미래지향적 우호와 바람을 담아 평화의 소중함을 초석으로 삼고자 추도비를 건립한다.

2015년 10월 10일(01년 11월 10일)
일조우호현민모임 / 재일본조선인총연합회 도치기현본부 /
도치기현 조선인강제연행진상조사단

뒷면 묘지(墓誌)

가네다(金田源次郎) 씨 1905년 6월 4일생(창씨명)
　　　충청북도 괴산군 칠연면 송덕리 315
　　　1941년 2월 4일 유반(流盤)에 의한 부상 후 사망(35세)

장영섭 씨 1926년 7월 18일생
　　　충청남도 대덕군 동면 용계리
　　　1944년 7월 3일 발파로 인한 업무상 사망(18세)

손정출 씨 1924년 3월 11일생
　　　충청북도 영동군 황동면 소계리
　　　1945년 6월 4일 발파로 인한 업무상 사망(21세)

니시야마[西山安(義)] 씨 1919년 6월 19일생(창씨명)
　　　충청북도 (종)천군 박곡(粕谷)면 서□□□리 225
　　　1940년 6월 27일 사망 미상(21세)

지사 사무인계서에서 발췌함

해설 1996년에 일조우호현민모임이 결성되어 강제연행진상조사단과 함께 묻혀 있던 역사의 진실을 재일 조선인과 일본 시민의 손으로 밝혀냈다. 그리고 과거장에서 시오야마치 가미사와 산속에 4명의 희생자가 묻혀 있는 것이 판명되어, 2011년에 나무로 된 임시 표식을 세우고 2009년에 임시 표식끼지의 숲길을 정리하여 2010년에 표식 주변을 돌로 두르고 2015년 10월 10일에 추도비를 건립하였다.

조선인 희생자 추도비
역사의 진실을 가슴 깊이 새기다

군마현

● 군마현

제2차 세계대전 시 징용 조선인 희생자 위령지비

第二次世界大戰時徵用
朝鮮人犧牲者慰靈之碑

소재지	오타시 가나야마초 40-1 긴류사(金龍寺) 묘지
건립일	1973년 4월 8일
건립자	오타시장
크기	비: 세로 172cm 가로 70cm 폭 10cm 대좌: 세로 31.5cm 가로 102.5cm 폭 43.5cm
비문	정면 제2차 세계대전 시 징용 조선인 희생자 위령지비 (第二次 世界大戰 時 徵用 朝鮮人犧牲者慰靈之碑) 뒷면 앞서 제2차 세계대전 당시 나카지마비행기(中島飛行機) 오타제작소에서 전시 징용 공원으로 일하던 다수의 조선인 분들이 1945년 2월 10일 이후에 수차례에 걸친 미군의 공습으로 애석하게도 전화의 희생양이 되고 말았습니다. 전후 28년이 지났음에도 방갑출, 배금순 외 9명의 위령이 여전히 황량한 잡초 속에 방

치되어 덧없는 세월만 흘러가고 있음에 실로 애통함을 금하지 못하여 이번 우리 관계자들이 힘을 합쳐 위령비를 건립하기에 이르렀습니다. 이를 계기로 양 국민의 우호친선이 더한층 확대되고 아울러 결의를 새롭게 다져 세계 평화의 공헌에 매진할 것을 맹세합니다.

이곳에 삼가 희생자들의 명복을 빌며 비문을 남깁니다.

1973년 4월 8일
후지중공주식회사 선문(選文)

발기인
오타 시장 다지마 무네히토(田島宗仁)
오타시의회의장 아이자키(相崎德蔵)
오타상공회의소 회장 혼지마(本島虎太)
후지중공업주식회사
오타시 불교회
재일본대한민국거류민단 군마현 오타지부
재일본조선인총연합회 군마현 도모지부

해설 비문의 내용과 같다.

● 군마현

기억, 반성 그리고 우호
記憶 反省 そして 友好

소재지	다카사키시 와타누키마치 239 현립공원 군마노모리
건립일	2004년 4월 24일(건립 제막식)
건립자	'기억, 반성 그리고 우호'의 추도비를 세우는 모임
비문	정면 기억 반성 그리고 우호(記憶 反省 そして 友好)
	〈한국어〉
	Remembrance, Reflection and Friendship
	뒷면 〈일본어〉
	〈한국어〉
해설	이 비는 일본에서 유일하게 현립공원 안에 설치된 조선인 강제연행 희생자를 위한 추도비이다. 비 건립 운동은 1995년 3월, 시민운동가들이 '전후 50년을 묻는 군마 시민행동위원회'(약칭 '액션 50')를 결성하면서 시작되었다. 1998년 6월, 이 모임을 '조선인·한국인강제연행희생자추도비를 세우는 모임'으로 발전시켜 9년 동안 건립 운동을 전개한다. 그간 건립 운동에 대한 찬동과 협력 요청 활동, 강제연행·강제노동의 사실을 밝히기 위한 조사 활동을 전개하고, 군마현 행정기관 및 현 의회를 압박하기도 하였다. 중요한 건설 용지의 제공은 현 의회가 만장일치로 취지 채택을 하고 현 지사가 결재하면서 실현되었다(취지 채택이란 청원 등에 대하여 뜻은 충분히 이해되나 당분간 실현이 어려운 경우 등에 편의상 취지

군마현 후지오카경찰서장 미야가와 시로(宮川四郞)
군마현 후지오카교육장 가나이(金井好次)
일조협회 군마현연준비위원장 나카무라(中村英順)
군마지방노동조합평의회 의장 다나베 마코토(田邊誠)
군마현회 의원 고자카(小坂輝雄)
재일본조선인총연합회 군마현 본부의장 정준홍
재일본조선인총연합회 군마현 다노지부위원장 백태옥
쇼와 32년(1957) 11월 2일 영대공양료 금 1만7천 엔 외

해설

후지오카에서는 1923년 9월 5일 저녁부터 밤 동안 군중이 후지오카경찰서로 몰려와 유치소에 수용되어 있던 조선인 17명 중 16명을 살해하였다. 6일에도 히노무라(日野村)의 소방수들이 끌고 온 차봉조(車鳳祚)를 경찰서 안에서 학살하였다.

첫 비가 건립된 때는 1924년이다. 이 비는 학살당한 조선인 유족이 조선에서 찾아와 놓고 간 10엔을 가지고 후지오카경찰서장 히라카타 긴시치(平方金七)가 주축이 되어 건립하였다고 한다. 『후지오카마치사(藤岡町史)』에도 당시 다행히도 마루 아래에 몸을 숨겨 12일간이나 거의 밥도 먹지 못한 채 기적적으로 난을 피한 하이라는 사람이 있었고, 희생자의 넋을 달래고자 부처님께 빌었다고 한다. 그리고 후지오카마치 유지의 발기와 지원이 있었다고 기록되어 있다.

그 후 이 비는 아이들이 근처에서 놀다가 파손되고 말았다. 조선인의 반발이 두려웠던 미야가와 시로(宮川四郞) 경찰서장이 당시 총련 다노지부 위원장(백태옥)을 찾아가 상의한 결과 재건하는 수밖에 없다는 결론에 이른다. 백태옥 위원장의 호소로 군마현과 현 외부의 조선인, 후지오카시, 신마치장, 다노군 마을모임 등에서 기부금을 모아 현재의 비가 건립되었다. 덧붙여 비문에 새겨져 있는 이재호는 난을 피했다고 하며, 차봉조의 이름은 새겨져 있지 않다.

조선인 희생자 추도비
역사의 진실을 가슴 깊이 새기다

나가노현

● 나가노현

위령비
慰靈碑

소재지	덴류무라 히라오카댐 발전소 부지 내
건립일	1953년 3월
건립자	주부전력주식회사
비문	정면　위령비(慰靈碑) / 히라오카발전소(平岡發電所)
	뒷면　일본인 33명의 순직자 이름과 함께 '중국인 15명, 한국인 13명'이 라고 새겨져 있다.
해설	히라오카댐은 1940년에 착공되어 1952년에 완성된다. 공사에는 중국인, 연합군 포로 외에 많은 조선인들이 동원되어 강제노역에 시달렸다.

조선인 노동자는 주야 2교대 12시간 동안의 노동을 강요당하였고, 이를 견디지 못해 도망 하다 잡히면 물리적 제재가 가해졌다고 한다. 1946년 7월에 나가노현이 후생성에 제출한 보고서에 따르면 '관 알선'으로 1,921명(1942년 399명, 1943년 121명, 1944년 308명 등)의 조선인이 댐 공사에 동원되어 12명이 사망, 1,575명이 도망쳤다고 보고하고 있다. 한편 덴류무라(天龍村) 관청에 보관되어 있는 매장·화장허가부에 60명의 조선인 이름이 기록되어 있는 것으로 보아 직접적인 사고사 외에 영양실조나 질병에 의한 사망도 많았음을 알 수 있다.

연합군 포로와 마찬가지로 조선인 노동자에 대한 실태는 거의 밝혀진 것이 없다.

● 나가노현

마쓰시로대본영 조선인 희생자 추도평화기념비

松代大本營 朝鮮人犧牲者 追悼平和祈念碑

소재지	나가노시 마쓰시로대본영 지하호 입구
건립일	1995년 8월 10일
건립자	마쓰시로대본영조선인희생자위령비건립실행위원회
비문	정면 마쓰시로대본영(松代大本營) 조선인 희생자 추도평화기념비(朝鮮人 犧牲者 追悼平和祈念碑) 〈한국어〉 조선인 희생자 추도평화기념비 뒷면 희생자를 추모하고 과거의 전쟁·침략·가해를 깊이 반성하고 우호친선과 항구 평화를 기원하며
해설	1991년 7월, 마쓰시로의 강제노동을 소재로 한 애니메이션 『김의 십자가(キムの十字架)』 상영실행위원회와 조선인 강제연행·강제노동 나가노현 실태조사단이 주축이 되어 위령비건립실행위원회를 결성하였다. 실행위원회는 2,000만 엔을 목표로 모금 활동을 전개하는 동시에 희생자의 실태 조사 활동에 착수하였다. 4년 동안 200회가 넘는 조잔(象山) 지하호 입구의 모금 활동과 찬동 단체의 거액 기부, 하라야마 시게오(原山茂夫) 씨의 저서인 『추적 마쓰시로대본영-계획에서 차별의 근원까지(手さぐり松代大本營-計劃から

差別の根源まで)』의 판매 호조 등에 힘입어 목표 금액인 2,000만 엔을 달성하였다. 그 뒤 패전 50주년을 목전에 둔 8월 10일에 유족을 초대하여 제막식을 거행하였다.

〈설명 간판 수정 경위〉
1990년의 방공호 공개 이후, 나가노시가 설치한 마쓰시로대본영 지하 방공호 입구 앞 설명판에는 "3백만 명의 주민과 조선인들이 노동자로 강제로 동원되어…"라고 기술되어 있었다. 하지만 "조선인의 노동은 강제가 아니었던 게 아니냐"는 내용의 메일과 전화를 받고 2013년 8월에 나가노시 관광진흥과는 자체적인 판단 아래 설명 간판 중 '강제로'라는 부분을 테이프로 가려 버렸다. 시민단체와 재일 단체가 복원을 요구하였음에도 나가노시는 2014년 11월 13일에 새로운 설명판을 설치하였다. 히구치 히로시(樋口博) 부시장은 "국가의 발표를 기다리는 것이 시의 의견이다"라고 말하고 있다.

조선인 희생자 추도비
역사의 진실을 가슴 깊이 새기다

도야마현

● 도야마현

순직기념비
殉職記念碑

소재지		난토시(소야마댐)
건립일		1933년 7월
건립자		쇼와전력주식회사
크기		비: 세로 630cm 가로 368cm 폭 370cm
비문	정면	순직기념비(殉職記念碑) / 마스다 지로(增田次郎) 서(書)
	뒷면	없음
	우측면	쇼와 8년(1933) 7월 건지(建之)
	좌측면	없음
대좌	정면	소가와소야마(庄川祖山)발전소는 쇼와 2년(1927) 4월에 기공되어 쇼와 5년(1930) 12월에 준공된 일본 유수의 대공사로 산업계에 공헌한 바가 크다. 이 공사는 종업원들의 각고정려(刻苦精勵) 덕택으로 무사히 끝났고, 그 와중에 불행히도 이들의 희생이 있었다. 각위에 대하여 이곳에 그 이름을 새기고 불멸의 공을 길이 칭송할 따름이다.
	뒷면	28명의 순직자 이름이 새겨져 있다. 이 중 조선인 이름은 5명이다. 박상묵 안소룡 박수묵 김연섭 권복수
해설		소야마댐이 발전을 시작한 때는 1930년 12월이다. 갖은 어려움을 동반한 건설공사에 한반도에서 다수의 노동자가 참가하였다. 공사 중 희생된 조선인 노동자의 이름이 일본인 노동자와 함께 위령비에 새겨져 있다. 지금도 한국인이 성묘를 위하여 찾아온다고 한다.

조선인 희생자 추도비
역사의 진실을 가슴 깊이 새기다

기후현

● 기후현

순직위령비
殉職慰靈碑

소재지	에나시 이지초 1193-1 가사기(笠置)발전소 내
건립일	1937년 3월
건립자	깃신건원(吉辰建元), 관계자
크기	비: 세로 300cm 가로 155cm 폭 50cm 대좌: 세로 61cm 가로 235cm 폭 129cm
비문	정면　순직위령비(殉職慰靈碑) 뒷면　(순직자 19명의 이름, 그중 조선인 5명) 　　　김상곤　변장이　박여길　박수남　야마모토 희팔(山本喜八)
해설	가사기댐 건설은 1934년에 착공되어 2년 후인 1936년에 준공되었다. 이곳은 댐을 건설하기에 최적의 장소였다. 하지만 평지가 거의 없어 공사용 창고, 사무소와 숙박소를 상류의 가사기무라 오치아이지구에 건설하게 되면서 이 일에 많은 조선인이 종사하였다. 얼마나 난공사였을지 짐작할 수 있다. 동원 인원수는 총 116만 명이며, 그중 순직자는 19명, 부상자는 1,300여 명에 달한다.

● 기후현

순직위령비

殉職慰靈碑

소재지	가나시 가네야마초 우오야마히가시마치 가네야마(兼山)발전소
건립일	1943년 8월
건립자	가네야마발전소
크기	비: 세로 200cm 가로 150cm 폭 23cm
비문	정면 순직위령비(殉職慰靈碑)
	뒷면 (순직자 성명 18명 중 7명이 조선인 이름, 아래에 본명과 창씨명 포함되어 있다.)
	최순규 흠영 경수(欽迎 敬守) 마쓰모토 춘중(松本春重)
	마쓰하라 영변(松原永變) 임영수 서연견 서능진
해설	가네야마댐 건설은 1937년부터 조사를 시작하여 1939~1940년까지 공사의 최전성기를 거쳐 1943년 8월 16일에 준공되었다. 공사는 하자마구미(間組)가 도급을 맡았으며 특히 돌관공사가 실시된 1940년경에는 와치마에노지구에 많은 노무자 합숙소가 지어졌다. 이곳에 조선인과 일본인을 합쳐 약 200명이 거주하였고, 그 밖에 나누어 합숙하고 있던 사람이 50명 정도였다. 조선인들은 '모집'으로 모였다고 한다. 건설공사 중 전락, 낙석 또는 질병 등으로 7명의 조선인이 희생되었다.

● 기후현

순직위령비
殉職慰靈碑

소재지	기후현 가모군 야오쓰초 오아자야오 마루야마(丸山)댐
건립일	1955년 4월
건립자	간사이전력주식회사
크기	비: 세로 190cm 가로 250cm 폭 50cm
비문	정면　순직위령비(殉職慰靈碑)
	뒷면　(순직자 성명)
해설	현지를 조사한 가메이(龜井俊也) 주지 스님에 따르면, 이미 일본으로 건너와 있던 조선인을 각지에서 모으는 동시에 강제로 끌고온 조선인을 포함한 3,000명이 공사에 동원되었다고 추측된다. 자재나 노동력이 턱없이 부족하고 기계 등이 충분하지 않아 돌관공사는 인해전술이었다. "지역의 노인은 … 안벽에 붙어서 일하는 많은 사람들이 마치 개미들의 새로운 행렬처럼 보였다고 말한다. 그리고 주변은 노무자 합숙소뿐이었다고 한다"[『증언하는 풍경(証言する風景)』후바이샤(風媒社)].

조선인 희생자 추도비
역사의 진실을 가슴 깊이 새기다

시즈오카현

● 시즈오카현

순직비 및 단나철도 공사 순직자 위령비

殉職碑 및 丹那鐵道工事 殉職者慰靈碑

① 순직비

② 단나철도 공사 순직자 위령비

소재지	① 순직비: 단나터널 히가시구치[東口, 아타미구치(熱海口)] 아타마시 후쿠미치초 7 ② 단나철도 공사 순직자 위령비: 단나터널 니시구치[西口, 간나미구치(函南口)] 다가타군 간나미초 가미자와
건립일	1934년
건립자	① 철도공사, ② 가지마구미
비문	① 아타미구치 정면 (순직자 67명의 이름, 이 중 조선인 7명) 　　　　　　　　　　김병태 이현재 손수일 김방언 이춘이 명동선 이차봉 후쿠모토(福本伯太郞) 　　　　　　뒷면 없음 ② 간나미구치 정면 단나철도 공사 순직자 위령비 　　　　　　뒷면 (순직자 67명의 이름, 이 중 조선인 6명) 　　　　　　　　　김백룡[후쿠모토(福本伯太郞)] 이차봉 김병태 명동선 김방언 이현재 　　　　　　　　　(1933년 10월의 터널관통식 당시 공양하였다는 내용이 새겨져 있음)

● 시즈오카현

무연공양탑
無緣供養塔

소재지	가케가와시 혼고 1089 쇼게쓰지(照月寺) 북동 묘지 내
건립일	1979년 7월
건립자	일한협회 가케가와지부
비문	정면　무연공양탑
	이 이국의 땅에 잠든 넋이여 한일우호의 끈이 되어 편안히 잠드소서
	뒷면　없음
해설	나카지마비행기(中島飛行機)는 미쓰비시중공업과 함께 군용기를 생산하는 주요 기업이었다. 나카지마비행기는 하마마쓰공장에서 엔진을 생산하고 있었는데, 도난카이지진(東南海地震)이 발생하고 공습이 날로 심해지자 가케가와시 북부의 하라노야(原谷)에 소개용 지하공장을 건설하였다. 이 지하공사는 1945년 봄부터 시작되었고, 공사는 시미즈구미와 가즈로구미(勝呂組)가 담당하였다. 공사를 위하여 각지에서 2,000명이 넘는 조선인이 동원되었다. 하지만 공사 완성 전에 해방을 맞이하였으며, 지금도 가케가와시의 혼고나 유케(遊家)에는 지하공장의 흔적이 많이 남아 있다. 전후 조선인연맹이 결성되었고 그들 중에 이곳에서 생활한 사람들이 있었다. 혼고의 묘지에 있는 무연공양탑은 나카지마비행기의 지하공장 공사와 그 이후의 조선인 무연자를 추도하는 것이다.

비문	정면	조선인 희생자명 (81명의 희생자 명단)
	뒷면	이 비는 조선에 대한 일본의 식민지 지배 역사를 후세에 전하여 밝은 미래를 함께 걸어가고자 하는 조선인과 일본인의 협력으로 건립되었다 분단된 조국을 걱정하며 일본의 침략전쟁범죄에 대한 '한'을 풀지 못한 채 지금도 이국을 떠돌고 있는 영혼을 진심으로 애도한다 2000년 5월 25일 원사동포위령비관리위원회 ※ 희생자명은 일부밖에 본명을 확인할 수 없으며 '창씨개명'이 강요된 일본식 이름이다
해설		1995년 10월 26일의 사야도 제막식을 계기로 출범한 원사동포위령비관리위원회는 비석 건립 50주년을 맞아 아이치현 조선인강제연행진상조사단(1992년 6월 30일 발족)의 활동으로 밝혀낸 희생자의 이름을 포함하여 아이치현 내의 비석과 자료에 기재된 희생자 이름을 새긴 비석을 건립하자고 동포들에게 호소하였다. 이에 2000년 5월 25일에 '원사동포위령비' 우측에 많은 분들의 기부를 받아 81명의 희생자의 이름(나카지마비행기 한다 제작소, 도요카와해군공창, 미쓰비시도토쿠공장, 동남아시아·태평양 지역)을 새긴 비석을 새롭게 건립하였다.

● 아이치현

도난카이지진 추도기념비
東南海地震追悼記念碑

비의 현재(좌)와 이설 전(우, 伊藤孝司 사진 사무소 제공)

소재지	나고야시 미나미구 도요다 5-15-18 의료법인 메이난회(名南會) 메이난후레아이병원 부지 내
건립일	1988년 12월 4일 건립(2012년 9월 지금의 위치로 이설)
건립자	도난카이지진(구 미쓰비시나고야항공 도토쿠공장) 희생자조사추도실행위원회
크기	비: 세로 125cm 가로 140cm 폭 90cm
비문	슬픔이 되풀이되지 않도록 이곳에 진실을 새긴다

도난카이지진 희생자 추도기념비의 유래

1944년 12월 7일, 도난카이지진(M8)이 도카이 지방을 덮칩니다. 이로 인하여 군용기를 생산하던 미쓰비시중공업 나고야항공기제작소 도토쿠공장의 건물 대부분이 무너져 이 공장에 동원된 노동자와 학도들 51명에 더하여 한반도에서 강제연행된 어린 조선여자근로정신대원 소녀들(14~16세) 6명도 희생되었습니다.

전시하 엄격한 보도 통제 속에 피해 진실은 은폐되었고, 시민들에게도 알려지지 않은 채 세월이 흐르면서 기억 속에서 점차 사라지고 있었습니다.

1987년에 그 피해를 발굴·조사한 고등학교 교사, 시민, 전 학도 동원 관계자들이 '미쓰비시나고야항공 도난카이지진 희생자 조사추도실행위원회'를 꾸리고 피해자를 비롯한 많은 관계자, 시민의 진심을 모아

1988년 12월 4일, 닛신보(日淸紡) 나고야공장의 구내로 바뀐 도토쿠공장의 옛 터에 이 회사로부터 이해와 협력을 받아 이 추도기념비를 건립하였습니다. 거대 지진과 전시 동원이 맞물리면서 수많은 희생자를 낸 사실이 밝혀지고 있습니다. 덧붙여 건립 이후에는 거의 매년 12월 7일에 유족, 전 직장 관계자, 나고야 미쓰비시·조선여자근로정신대 소송을 지원하는 모임 회원들, 지역 유지 등이 추도식을 개최해 왔습니다.

2006년에 닛신보 나고야공장이 폐쇄되면서, 2012년 6월에 피해 현장 동쪽과 인접한 의료법인 메이난회의 이곳으로 이설되었습니다.

비면은 도난카이지진 발생 시각인 12월 7일 13시 36분의 태양과 거의 마주보고 설치되어 있습니다.

2012년 11월 4일
의료법인 메이난회
일본국민구원회 나고야미나미지부
아이치현 평화위원회

1944년 12월 7일 오후 1시 36분에 발생한 도난카이지진으로 공장 건물이 붕괴되면서 숨진 미쓰비시중공업(주) 나고야항공기제작소 도토쿠공장에 동원되어 있던 57명(이 중 6명이 조선여자근로정신대원)의 이름

관리 단체 의료법인 메이난회, 국민구원회 나고야미나미지부, 아이치현 평화위원회

해설 1988년 12월, 닛신방적(주) 나고야공장(미쓰비시중공업(주) 나고야항공기제작소 도토쿠공장의 옛터, 나고야시 미나미구 도요다초 도토쿠 니시노와리 2923)에 건립되었다. 2012년 9월 지금의 위치로 이설되었으며, 그리고 2012년 11월에 이 비 맞은편 왼쪽 모퉁이에 '(한국 광주) 근로정신대 할머니와 함께하는 시민 모임'이 비 '통한과 격노의 현장에서 지금 우리들이 가야 할 길을 묻는다'(정면 한글, 뒷면 일본어)를 연대의 뜻을 담아 설치하였다.

● 아이치현

한다·전재 희생자추도 평화기념비

半田·戰災犧牲者追悼平和祈念碑

소재지	한다시 가리야도초 가리야도공원 내
건립일	1995년 7월 24일
건립자	한다·전재희생자추도평화기념비건립실행위원회(사무국: 한다공습과 전쟁을 기록하는 모임)
크기	비: 세로 105cm 가로 100cm 폭 30cm(본체)
비문	정면　한다·전재 희생자 추도평화기념비(半田·戰災 犧牲者 追悼平和祈念碑) 뒷면　'평화를 기원하며' 반세기 전, 태평양전쟁이 있었습니다. 그 전쟁으로 인하여 이 한다에서도 아이, 노인, 시민, 노동자, 이 지역을 비롯한 전국 각지에서 군수공장에 동원된 학도, 여자정신대, 징용공 432명 이상이 소중한 생명을 잃었습니다.

특히 당시 일본의 식민지였던 한반도 북부에서 끌려온 청년 49명 이상이 이 안에 포함되어 있다는 사실에 실로 가슴이 찢어집니다.

전쟁으로 말미암은 재해는 천재지변이 아닙니다. 우리들은 한다에서 일어난 전쟁이 빚은 참화의 기록을 이곳에 새겨 아시아 국가들을 비롯한 모든 전쟁 희생자를 추모합니다. 그리고 이 사실을 후세에 전하여 다시는 전쟁을 일으키지 않겠다는 결의를 담아 평화를 기원합니다.

1995년 7월 24일

해설 시민단체인 한다공습과 전쟁을 기록하는 모임은 1981년에 출범하여 행정기관이 전혀 기록하지 않았던 공습 사망자의 이름과 당시 군수공장에 동원되었다가 지진과 산재로 사망한 사람의 명단을 조사하였다. 그 결과, 1990년경까지 공습 사망자 272명 이상, 지진 사망자 154명, 산재 사망자 66명, 총 432명이 판명되었다. 특히 나카지마비행기 한다제작소에서는 한반도 북부에서 약 1,200명의 청년들이 강제연행되어 48명이 공습, 1명이 산재로 희생되었다는 묻혀 있던 사실을 밝혀내었다.

기록하는 모임은 이 사망자들을 추모하기 위하여 1993년에 재일조선인 3명을 포함한 20명이 실행위원회를 꾸리고 모금 활동을 전개하여 1995년에 이 비를 건립하였다. 그리고 432명 중 이름이 판명된 사망자의 이름을 울타리에 새겨 넣었다. 조선인 징용 청년의 경우에 나카지마비행기가 작성한 명부에는 창씨개명 후의 이름으로 기록되어 있었으나, 재일장로와 상의하여 판명 가능한 사망자는 본명으로 고쳐 49명을 새겼다. 또 임의 도항 조선인 11명의 공습 피해자도 함께 이름을 새겨 넣었다.

조선인 희생자 추도비
역사의 진실을 가슴 깊이 새기다

미에현

● 미에현

공양탑
供養塔

소재지	이가시
건립일	1928년 3월
건립자	오바야시구미(大林組)
비문	정면 공양탑
	쇼와 3년(1928) 3월 오바야시 요시로(大林義雄) 근서(謹書)
	(대좌 옆에 발기인 7명과 희생자의 이름이 새겨져 있다.)

해설 1928~1930년에 걸쳐 산구(參宮)급행전철주식회사(현 긴키닛폰철도의 전신)는 주식회사 오바야시구미에 의뢰하여, 오사카에서 이세까지를 하나의 레일로 잇는 나바리(名張)에서 이치시초(一志町)로 빠져나가는 아오야마수도(靑山隧道, 아오야마터널) 공사를 진행하였다. 그 공사에서 조선인 8명(일본인 8명, 상세 불명 4명)이 희생되었다. 조선인 희생자에 대해서는 연령, 사망 일시와 원인, 본적, 직위명이 명기되어 있다.

2002년 10월, 아오야마초립중학교(현 이세시 아오야마중학교)가 구 아오야마터널 공사 중에 희생된 조선인과 일본인을 조사하여 그 기록을 비디오테이프에 담았다.

● 미에현

추도(미에현 기노모토에서 학살당한 조선인 노동자의 추도비)

소재지	구마노시 기노모토 기노모토터널 구마노시 측 입구(①)와 그 부근(②③)
건립일	1994년 10월 23일
건립자	미에현 기노모토에서 학살당한 조선인 노동자의 추도비를 건립하는 모임
비문 ①	정면　추도 　　　조선 경상남도 동래군 사하면 괴정리 　　　배상도 씨 　　　1896년 12월 14일 – 1926년 1월 2일 　　　조선 경상북도 경주군 내동면 배반리 　　　이기윤 씨 　　　1900년　　　 – 1926년 1월 3일 　　　(※ 일부 독해 불가) 뒷면　없음
설명판	〈한국어〉 一九二五년 一월 미에(三重)현이 발주하였던 기노모토(木本)터널 공사가 시작되었습니다. 이 공사에는 멀리 조선에서 건너와 가장 많을 때에는 二〇〇명의 조선인이 일하고 있었습니다. 공사의 마지막이 다가온 一九二六년 一월 二일, 한 사람의 조선인 노동자가 시시한 싸움으로 인하여 일본인에게 일본도(日本刀)로 찔렸습니다. 이튿날 一월 三일 조선인 노동자가 그것에 항의하였는데 기노모토 주

민들이 노동자의 합숙소를 습격하였기 때문에 거기에 대항하였던 이기윤 씨가 무참하게 살해당하였습니다. 더구나 기노모토 경찰서장의 요청을 받아 기노모토 정장이 소집하였던 재향군인들의 손에 의해서 배상도 씨가 노상에서 참살당하였습니다.

그때부터 사흘 동안 구 기노모토정이나 근린 마을(현 구마노시)의 재향군인회, 소방조, 자경단, 청년단을 중심으로 한 주민들은 죽창, 쇠갈고리, 총검, 일본도, 사냥총 등을 들고 경찰관과 함께 산이나 터널로 피난하였던 조선인들을 추적하고 모두 붙잡았습니다.

기노모토 터널은 그 지역 일본인 주민의 생활을 편리하게 하기 위한 것이었습니다. 그 터널을 뚫고 있던 조선인 노동자를 지역 주민들이 습격하고 두 분을 학살하였던 것입니다. 그 후 미에현 당국은 구 기노모토정에 살던 조선인을 모두 추방하였습니다.

이기윤 씨와 배상도 씨가 조선의 고향에서 살지 못하고 일본에 일하러 올 수밖에 없었던 것도 타향에서 학살당한 것도 천황(제) 아래 진행되어진 일본의 식민지 지배와 그것에서 일어나게 된 조선인 차별이 원인이었습니다.

조선인 노동자와 기노모토 주민 사이에는 서로 친한 교류도 있었습니다. 당시 배상도 씨의 장녀 월숙은 기노모토 소학교 4학년생으로서 사이 좋은 친구도 있었다고 합니다. 습격 당시 같은 합숙소의 일본인 노동자 가운데는 조선인 노동자와 함께 기노모토 주민들에게 대항한 사람도 있었습니다.

우리는 다시 고향으로 돌아갈 수 없었던 두 분의 서럽고 아타까운 마음을 조금이라도 위로하며 두 분의 학살의 역사적 원인과 책임을 따지기 위한 한 걸음으로서 이 추도비를 세웠습니다.

一九九四년 一一월
미에현 기노모토에서 학살당한
조선인 노동자 (이기윤씨·배상도씨)의 추도비 건립회

비문 ②	정면	춘설신사(春雪信士)
	우측면	메이지 33년(1900) 월생(月生) 선인(鮮人) 하루야마 청길(春山淸吉)
비문 ③	정면	추상신사(秋相信士)
	우측면	메이지 30년(1897) 2월생 선인(鮮人) 아키야마 정길(秋山正吉)

비문 ④	정면	배상도
		이기윤
	우측면	1896년 12월 14일 – 1926년 1월 3일
	좌측면	1902년*

부처의 법손으로 / 이 묘석 앞에서 경전을 읊고 / 한 사람의 인간으로서 한떨기 꽃을 바치니 / 두 분의 고귀한 생명의 슬픔 / 유족분의 슬픔 차별받은 자의 슬픔이 / 치유되기를 바란다 / 차별하는 사람의 마음이 깨우쳐지기를 빈다

2000년 11월
고쿠라쿠 26대 아다치(足立知典)

설명판

이기윤 씨와 배상도 씨의 '묘석'

1926년 1월 3일에 기노모토(木本)터널 공사에서 일하던 이기윤 씨와 배상도 씨는 후에후키바시(笛吹橋) 부근에서 기노모토초(木本町)의 재향군인들에 의하여 살해되었고, 그 후 두 분의 시신은 오랫동안 이 고쿠라쿠사의 묘지에 방치되어 있었습니다.

두 분의 고용주가 '묘석'을 세웠습니다만, 그 우측에 '선인(鮮人) 하루야마 청길(春山淸吉)', '선인(鮮人) 아키야마 정길(秋山正吉)'이라고 조선인을 차별하는 말과 두 분의 일본식 이름을 새기고, 더 나아가 정면에 '하루야마', '아키야마'에서 글자를 따서 지은 네 글자의 차별적인 계명을 새기고 있습니다.

당시 조선은 일본의 식민지로 토지와 식량을 빼앗겨 수많은 조선인이 생계 탓에 일본으로 일하러 올 수밖에 없었습니다. 일본에서는 늘 일본식 이름을 사용하기를 강요당하였습니다.

마침내 세월이 흘러 두 분의 '묘석'은 이 뒤의 무연묘지에서 떨어져 조용히 방치되어 있었습니다. 사건 당시 네 살이던 배경홍 씨(배상도의 차남)가 1990년 4월에 구마노시를 찾았을 때에 아래로 내려 나란히 설치하였습니다.

□□□□□□□□□□

그 옆의 비는 이러한 사실을 알고 차별 계명에 의문을 느낀 고쿠라쿠사의 아다치(足立知典) 주지 스님이 두 분을 다시 공양하기 위하여 세운

---

* 비문 ①의 이기윤 씨 출생 연도와 다르다. 비석 원문의 오기인지, 아니면 비문을 옮겨 적으면서 실수한 것인지는 알 수 없다.

것입니다.

또 기노모토터널의 구마노시 쪽 언덕에는 두 분의 추도비가 세워져 있습니다.

2000년 11월 18일
미에현 기노모토에서 학살당한
조선인 노동자(이기윤 씨와 배상도 씨)의 추도비를 건립하는 모임

해설 추도비를 건립하는 모임은 1988년 9월 11일부터 설립준비회의를 거듭한 끝에 1989년 4월 23일에 쓰시(津市)에서 같은 해 6월 4일에는 오사카에서 모임 결성 집회를 개최한다. 또 그 다음달 5일에는 구마노시장과 구마노교육장을 만나 ① 사건의 재검증과 시의 역사 수정, ② 시민에게 사건의 진상을 전할 것, ③ 유족, 구마노시, 건립하는 모임의 삼자가 추도비를 건립하고, ④ 1990년 1월 3일 또는 그 가까운 날에 삼자가 추모 행사를 열 것을 요구하였다. 그로부터 5년 후에 건립하는 모임이 독자적으로 이국의 땅에서 살해당한 두 사람의 원통함을 생각하면서 추도비를 세우고 1994년 11월 20일에 제막식을 거행하였다. 매년 11월에 추도 집회를 열고 있다.

● 미에현

조선인 추도비
(기슈광산에서 숨진 조선인 추도비)

① 추도비(위 사진 중앙) ② 희생자의 이름이 새겨진 35개의 돌(위 사진 앞)
③ 설명판(위 사진 좌측) ④ 조선인 추도비(하단 사진)

소재지	구마노시 기와초 이타야 110 – 1
건립일	2010년 3월 28일
	2015년 11월 8일에 새롭게 ④ '조선인 추도비(朝鮮人追悼碑)' 설치
건립자	기슈(紀州)광산에서 숨진 조선인을 추도하는 비를 건립하는 모임
비문	① 추도비

추도
조선의 고향으로부터 멀리 떠나
기주광산에 끌려와 혹사당하다 돌아가신 분들.
부모 따라 이곳에 와서 죽은 어린이들.
우리는 왜 당신들께서 여기서
목숨을 잃어야 했는지 그 진실을 밝히고
역사적 책임을 추궁해 나갈 것입니다.

2010년 3월
기주광산에서 돌아가신 조선인을 추도하는 비석을 건립하는 모임

② (돌에 새긴 희생자 35명의 이름)
김인원 남이복 김종운 신응룡 ○광상 천병태 이백락 양사만 ○병남 최준석 김대성 조춘목 안덕훈 ○영식 이벽수 ○정원 조용범 ○천식 하국춘 ○태덕 설병금 양희생 ○종련 김만수 김학록 양승태 양태차 안근봉 안릉성 길○진 정성○ ○○희 ○태년 차연이 안성수

③ 설명판

추도비건립선언

1940~1945년까지 1,300명이 넘는 조선사람들이 기주(紀州)광산에 강제련행되어 고된 노동에 혹사당했습니다. 1940년 이전에도 가족과 함께 기주광산에 와서 일하던 조선사람들이 있었습니다.

기주광산에서 돌아가신 조선사람 중 지금까지 35분의 이름이 확인되었습니다. 그중에는 조선의 고향에서 강제연행된 지 1개월만에 목숨을 잃은 분도 있었습니다. 저희들은 그들 한분 한분을 떠 올리는 마음으로 여기에 돌을 놓았습니다.

1941년 5월 기주광산에서 일하던 조선사람 130명은 쌀의 배급량을 늘려줄 것을 요구하는 파업을 하였습니다. 1944년 가을에는 기주광산 갱 입구에 「조선민족은 일본민족되는 것을 반기지 않는다. 장래 조선민족의 발전을 보아라!」라는 구호가 휴대용 석유 등불로 지져 씌어져 있었다고 합니다.

기주광산을 경영했던 이시하라산업은 일본점령하의 하이난섬에서 전독광산을 경영하였습니다. 전독광산에서 강제노동을 당하던 조선사람들은 「조선보국대」로서, 조선 각지의 감옥으로부터 일본정부·일본군·조선총독부에 의해 하이난섬으로 강제연행된 사람들이었습니다. 하이난섬에서 죽어 간 조선사람들은 그 수와 이름이 아직도 밝혀지지 않습니다.

전독광산에 세워진 「전독 만인갱사난광공 기념비(田獨萬人坑死難礦工紀念碑)」에는 「조선사람도, 대만, 홍콩 및 하이난섬 각지에서 연행되어 온 노동자가 여기에서 학대받고 혹사당하다 죽었다」라고 적혀 있었습니다.

1942년부터 이시하라산업은 필리핀의 카란바야간광산, 앤치케광산, 시파라이광산, 피라(ママ) 카피스광산 등지에서 일본군과 함께 지원략탈을 시작하여 수많은 필리핀인들에게도 강제노동을 시켰습니다. 그 중에는 일본군과 싸우다 「포로」가 된 사람들도 있었습니다.

저희들은 이 추도비를 하나의 기점으로, 기주광산에서 고향으로 살아서 돌아갈 수 없었던 당신들, 하이난섬에서 돌아가신 조선사람들, 그리고 아시아태평양 각지에서 일본정부·일본군·일본기업에 의해 목숨을 빼앗긴 분들을 추도하고 그 역사적 책임을 추궁해 나갈 것입니다.

2010년 3월
기주광산에서 돌아가신 조선인을 추도하는 비석을 건립하는 회

④ 조선인 추도비(朝鮮人 追悼碑)

해설

설명판의 내용과 같다.
이 비의 비문은 한국어, 일본어로 되어 있다.

조선인 희생자 추도비
역사의 진실을 가슴 깊이 새기다

교토부

● 교토부

순난의 비
殉難の碑

소재지	마이즈루시 사바카 순난의 비 공원(殉難の碑公園) 내
건립일	1978년 8월 24일
건립자	우키시마마루 순난자 추도의 비 건립실행위원회
크기	상: 높이 230cm 가로 131cm 폭 137cm
	대좌: (위) 세로 23cm 가로 260cm 폭 219cm
	(아래) 세로 134cm 가로 133cm 폭 140cm
비문	정면 순난의 비(殉難の碑)
	뒷면 1978년 8월 24일 건립
	우키시마마루 순난자 추도의 비 건립실행위원회
	순난자 성명
설명판	〈일본어〉
	〈한국어〉

우키시마마루(浮島丸) 순난자의 비 건립에 즈음하여

1910년 군사력을 배경으로 한 「한일합병」이후 36년에 걸친 조선반도에 대한 일본의 식민지 지배로 인해 토지와 일터를 잃은 사람들이 급증하여 그 대부분은 일본으로 전 가족이 이주할 수밖에 없었다.

한편, 제2차 세계대전이 발발한 1939년부터는 연로한 어머니를 두고 온 젊은이들이나 일가의 기둥인 부친이 잇달아 일본에 강제로 끌려와 전쟁 수행을 위한 노동력으로 일본 각지에서 가혹한 노동을 강요당했다.

1945년 8월 15일, 일본은 전쟁에 졌다. 아모모리현 오미나토(青森縣 大湊) 구 해군시설 등에서 일하고 있던 조선인 노동자와 그 가족 3,735명 (정부 발표)은 강제 노동과 비인간적인 생활에서의 해방과 꿈에 그리던 고향으로 돌아갈 수 있다는 기쁨을 가슴에 안고, 오미나토항에서 구 일본해군 수송선 「우키시마마루((浮島丸)」(4,730톤)에 승선해, 8월 21일 오후 10시, 조선의 부산을 향해서 출항, 귀국의 길에 올랐다.

연합군의 요구에 따라 일본 정부가 내린 명령으로 우키시마마루가 침로를 변경해 마이즈루로 향해 항구에 들어간 직후인 8월 24일 오후 5시 20분경, 이곳 시모사바가 앞바다에서 갑자기 굉장한 폭발음과 함께 선체가 둘로 갈라져 바다 속으로 가라앉았다. 현지 사람들의 필사적인 구조활동에도 불구하고 확인된 것만으로도 부인·유아를 포함한 524명이 일본인 승무원 25명과 함께 그 고귀한 생명을 잃었던 것이다.

전쟁만 아니었다면, 식민지 지배와 강제연행만 없었다면 이 같은 비참한 일들은 일어나지 않았을 것이다. 고향산천과 잊을 수 없는 육친과의 재회 직전 이국의 바다에서 하나밖에 없는 생명을 잃어버린 순난자의 심정은 어떠했을까.

우리는 이 우키시마마루 사건을 「풍화」시키는 것이 아니라, 앞으로도 잊혀져서는 안될 것이라고 생각하여 사상·신조·종교의 차이를 초월한 인도적인 차원에 입각하여 추도비의 건립운동을 추진시켜 폭넓은 부(府)·시민 여러분들의 정재와 교토부(京都府) 및 마이즈루시(舞鶴市)의 후원을 얻어 기념 공원과 추도비를 완성하기에 이른 것이다.

이 비가 평화와 국제 우호의 가교로서 뜻 깊은 역할을 해내기를 바라면서

1978년 8월 24일 浮島丸 순난자의 비 건립실행위원회
1998년 일부 보정 浮島丸 순난자 추도회

명판 (비의 우측 배경에 1954년 9월 마이즈루만 내에서 고(故) 미우라 히데오

(三浦日出夫) 씨가 촬영한 침몰한 우키시마마루호 사진이 게재되어 있으며, 그 우측 옆으로 추도가가 소개되어 있음)

조선인 '우키시마마루' 순난자 추도가
한구용 작사 / 김정화 작곡

해당화 꽃 필 무렵

1절 꽃피기 시작하네 해당화 / 언덕에 잠든 우키시마요 / 비 위에 머리를 숙이네 / 그날 회상하네 먼 그림자 / 우리 고향 고향으로 / 조급한 마음 흘러가네 / 한은 깊고 마이즈루요 / 아리랑 아라리요 아라리요

2절 짓밟혀 바닷가에도 / 오고가는 배의 돛에도 / 고통스러운 눈물의 항구 거리 / 당신의 절규에 돌아보면 / 아아 우리 고향 고향에 / 마음을 담아 그리워 / 부르네 마음의 마이즈루요 / 아리랑 아라리요 아라리요

3절 언젠가 돌아가리 / 죽어서 넋이 되어 돌아가리 / 오늘도 날아다니는 흰 나비에 / 우리 동포의 모습 보니 / 아아 우리 고향 고향에 / 길 떠나는 사람 그리워 / 기도 드리네 마이즈루요 / 아리랑 아라리요 아리리요

| 해설 | 설명판의 내용과 같다. |

● 교토부

진혼비
鎭魂碑

소재지	마이즈루시 아마루베카미 교라쿠(共樂)공원 산꼭대기
건립일	1978년 3월
건립자	구 마이즈루해군공창 순직자 진혼비 건립 모임
크기	비: 세로 345cm 가로 236cm 폭 137cm
	대좌: 세로 264cm 가로 513cm 폭 513cm
비문	정면　진혼비 / 마이즈루시장 다테미치(立道國造)
	뒷면　시공자 가건설(嘉建設)주식회사 대표이사 기무라(木村嘉賀市)
	아카시시(明石市) 나카아사기리오카 9의 15
	돗토리시 후루미 나카오상점 대표자 나카오(中尾市郎)
부속비	비의 유래
	메이지 34년(1901) 마이즈루해군공창이 문을 연 이래 순직자의 혼을 모신 초혼비(招魂碑)가 교라쿠공원 산꼭대기에 건립된 때는 다이쇼 8년

(1919)으로 이후 봄가을의 오히간(お彼岸)*에는 성대한 초혼제가 거행되었다. 하지만 태평양전쟁이 격화되면서 청동으로 만들어진 비가 공출되어 대좌만이 과거를 기억하기에 이르렀다.

태평양전쟁 말기, 마이즈루군항도 때때로 공습을 받았다.

특히 쇼와 20년(1945) 7월 29일, 공창에 투하된 단 한 발의 폭탄은 약 100명의 목숨을 한순간에 앗아갔다.

그 안에는 홍안의 동원 학도 남녀 19명도 포함되어 있었다. 떠올릴 때마다 통한스럽기 그지없다.

피폭의 진상이 마침내 밝혀져 유지들이 상호 도모하여 첫 공습 순직자 합동 위령제를 운몬사(雲門寺)에서 거행한 때는 쇼와 52년(1977) 7월 19일로, 그날을 기하여 진혼비 건립의 바람이 불타올랐다.

이로써 옛 진혼비 복원의 숙원과 공습 희생자 그리고 공창에서 대내외로 파견되었다가 무운이 다하여 전몰한 영령의 비 건립 바람 들을 온전히 하나에 담은 순직자 진혼비를 옛 공창이 내려다 보이는 이 땅에 초석도 굳게 건립하게 되었다.

이 옛 마이즈루해군공창 순직자 진혼비에는 유족과 친척, 옛 공창 관계자 그리고 지역 주민들의 평화를 바라는 염원이 담겨 있다.

하늘에 계시는 넋들이여, 부디 편안히 잠드소서.

　　　쇼와 53년(1978) 3월 구 마이즈루해군공창 순직자 진혼비 건립 모임
　　　　　　　　　　　　　　　　　　　니시야마(西山鶴洞) 근서(謹書)

조선인 희생자　미토모 상만(三共相萬) 가네야마 평현(金山枰鉉) 후미모토 승마(文本承馬·柳鉉昌)

해설 | '비의 유래'에 밝힌 내용과 같다.

---

* 춘분과 추분을 중심으로 한 7일간을 말한다.

● 교토부

한국인 희생자 위령탑
韓國人犧牲者慰靈塔

소재지	교토시 히가시야마구 시모가와라도오리 야사카토리이마우에사가루시모카와라초 료젠칸논(靈山觀音) 내
건립일	1968년
건립자	고미야마 노보루(小見山登)
비문	정면 한국인 희생자 위령탑(韓國人 犧牲者 慰靈塔)

석비에는 '넋이여, 편안히 잠드소서. 당신의 조국과 고향, 깊은 인연으로 묶인 이 나라 백성의 진심을 담아 이름을 지금 새깁니다"라고 새겨져 있으며, 이 탑은 "과거 우리 동포로서 함께 우리 나라를 위하여 봉사하고 목숨을 바치신" 조선인을 '영령'으로 모시는 '국민이 바친 야스쿠니의 탑'이라고 적혀 있다.

뒷면   없음

해설   야사카신사(八坂神社), 고다이사(高台寺) 등 교토시의 관광 명소인 신사와 불각이 쭉 늘어서 있는 지역 중 '유신의 길(維新の道)'을 오르면 바로 앞에 교토시에서 가장 거대한 '료젠칸논'이 우뚝 서 있다. '순국 영령과 대전 희생자의 명복을 빌기 위하여' 세워진 이 관음상의 우측 뒤 울창한 나무들 사이에 한국인 희생자 위령탑이 서 있다.

이 탑은 '극동군사재판에 의한 사형 23구를 포함한 종군전사 8,861구와 한일병합 이후 모든 희생자의 혼을 합사하기' 위하여 1968년에 일본인도주의협회 고미야마 노보루(小見山登) 등이 세웠다고 한다. 야스쿠니는 일본의 식민지 지배와 침략전쟁으로 희생된 수많은 조선인들의 부조리한 죽음을 전쟁 미화의 도구로 자기 좋을 대로 이용하는 사상이다. 민간이 세운 이 탑은 야스쿠니신사와 함께 관민이 일본의 '야스쿠니사상'을 구현한 것이라고 할 수 있다.

조선인 희생자 추도비
역사의 진실을 가슴 깊이 새기다

오사카부

● 오사카부

초혼비
招魂碑

소재지	히가시오사카시 구사카초 2-7-23 쇼요사(稱揚寺)
건립일	1915년경
건립자	오바야시구미(大林組)
크기	비: 세로 230cm 가로 90cm 폭 20cm
	대좌: 세로 210cm 가로 90cm 폭 70cm
비문	정면 초혼비
	오카사궤도주식회사 오바야시구미 발기인 니시오(西尾益行)
	뒷면 (24명의 희생자 이름이 새겨져 있는데 그중 3명이 조선인으로 판명되었다.)
	권두정 김재천 황택금
해설	이코마(生駒)터널 공사에는 많은 조선인들이 동원되었다. 터널 니시구치(西口) 공사에서 24명이 희생되었는데, 이 비는 그중에 포함된 조선인 3명을 위하여 건립된 것이다.

● 오사카부

통국사 납골당
統國寺納骨堂

소재지	오사카시 덴노지구 차우스야마초 1-31 통국사
위패	조선인순난자지제정령위(朝鮮人殉難者之諸精靈位)
해설	1958~1959년경에 걸쳐 오카야마현 불교회가 주축이 되어 현 내의 조선인 유골을 조사하였다. 1960년에 약 200위의 유골을 수습하여 '렌조사(蓮昌寺)'에 임시 안치하였다. 같은 해 3월에 오카야마시 공회당에서 위령제를 거행하고 유족과 관계자가 유골을 인수하면서 66위가 남았고, 그 후 12위가 더 발견되어 총 78위가 무연고로 '신조사(眞城寺)'로 옮겨졌다. 하지만 신조사의 오스미 지쓰잔(大隅實山) 주지가 급사하면서 유골을 관리하기 어려워져, 1974년 10월 27일에 오사카의 '통국사(統國寺)'로 유골 78위가 옮겨졌다. 1990년 3월, 2위의 신원이 확인되면서 한국에 있는 유족의 품으로 돌아갔다.

● 오사카부

대동아 전몰 일한 간호부 위령지비

大東亞戰沒日韓看護婦慰靈之碑

소재지	다이토시 노자키
건립일	1977년 10월 10일
건립자	이시다(石田龍雲)
크기	비: 세로 400cm
비문	정면 (상단) 대동아 전몰 일한 간호부 위령지비(大東亞 戰沒 日韓 看護婦 慰靈之碑)
	(하단) 싸우는 사람 돌보고 도우니 커져 가는 간호의 노고 영원히 칭송하네
	대좌에는 협찬자인 안범수, 조수현, 이기우 외 일본인의 이름이 새겨져 있다
	뒷면 전몰 조선처녀 여자정신대 7만여 명, 일본 간호부 2만여 명의 고귀한 영령을 모시기 위하여 건립한다는 내용이 적혀 있다.

● 오사카부

다치소지하호 터 (명판)

소재지	다카쓰키시 나리아이 긴도교(琴堂橋) 부근
건립일	1995년
건립자	오사카부·다카쓰키시
크기	비: 세로 110cm 가로 120cm 폭 30cm 대좌: 세로 5cm 가로 160cm 폭 160cm
비문	정면　다치소지하호 터

　　　나리아이(成合) 산간부에 산재해 있는 30여 개의 터널군은 다카쓰키지하창고인 '다치소*'라는 암호로 불리며 붕괴가 이어지고 있으나, 지금도 여전히 당시의 모습을 간직하고 전쟁의 어리석음과 처참함을 말해 주고 있습니다. 미국전략폭격조사단(United States Strategic Bombing Survey) 보고서에는 "…이 터널군은 당시 육군의 주요 저장고 중 하나로 1944년 11월에 정부가 직접 공사를 시작하였는데, 1945년 2월에 가와사키항공기(川崎航空機)의 공장으로 사용하기로 결정되었다"라고 기록되어 있습니다. 항공기 공장 부분은 16개의 터널이 굴착되고 선반 등의 기계류가 부

---

* '다카쓰키지하창고(高槻地下倉庫)'의 앞 글자를 딴 것이다.

분적으로 반입되었습니다만, 완공을 보지 못한 채 패전을 맞았습니다. 이 터널 공사에는 주변 지역 주민, 오사카고의(大阪高醫), 기타노중학, 간사이공업학교 등의 동원 학생들이 동원되었고, 가장 위험하고 가혹한 터널 개착 분야에는 강제연행과 그 밖의 방법으로 모집된 3,500명 혹은 그 수를 훨씬 뛰어넘는다고도 알려진 조선인 노동자가 투입되어 많은 사상자가 나왔다고 합니다. 일본은 앞선 전쟁에서 수많은 인명을 잃었으며 동시에 아시아태평양 지역 국민들에게 큰 재앙과 고통을 안겨 주었음을 잊어서는 안 됩니다. 처참한 전쟁을 두 번 다시 되풀이하지 않기 위하여 항구 평화를 맹세하며 새로이 전후 50주년 오사카부기념사업으로서 이곳에 명판을 설치합니다.

1995년
오사카부·다카쓰키시

뒷면　없음

해설　전후 50년 전적보존사업으로 건립된 것으로 행정기관이 가해의 전적(戰跡)도 보존해야 한다는 의견을 수용한 것이다.

● 오사카부

오사카경비부군수부 아이창고 옛터(명판)

大阪警備府軍需部安威倉庫跡地

소재지	이바라키시 구와노하라 414번지
건립일	1995년 12월
건립자	오사카부·이바라키시
크기	비: 세로 114cm 가로 60cm 폭 10cm(아래 30cm) (하부 70cm부터 상부로 갈수록 얇아지는 사다리꼴)
비문	정면 오사카 경비군수부 아이창고 옛터 일본은 앞선 전쟁에서 수많은 인명을 잃었으며 동시에 아시아태평양 지역 국민들에게 큰 재앙과 고통을 안겨 주었음을 잊어서는 안 됩니다. 이 지역에 현존하는 지하창고는 구 일본해군 스이타야마다(吹田山田)창고의 의류, 식량창고가 공간이 줄면서 1944년 초에 건설 계획을 세워 같은 해부터 굴착 작업에 착수한 것으로 추정됩니다.

지하창고는 3곳(이·로·하지구 – 총연장 약 1킬로미터)에 건설되었으며, 이 지구에서는 완성되어 물자를 보관하였습니다만 다른 2곳은 완성을 보지 못하고 패전을 맞았습니다.

건설 당시 강제연행된 조선인은 가혹한 노동에 시달렸습니다. 패전 50주년을 맞아 처참한 전쟁을 두 번 다시 되풀이하기 위하여 항구 평화를 맹세하며 새로이 전후 50주년 오사카부기념사업으로서 이곳에 명판을 설치합니다.

1995년 12월

오사카부·이바라키시

뒷면　없음

해설　전후 50년 전적보존사업으로 건립된 것으로, 행정기관이 가해의 전적(戰跡)도 보존해야 한다는 의견을 수용한 것이다.

● 오사카부

이쿠타마공원 지하호(명판)

生玉公園地下壕

소재지	오사카시 덴노지구 이쿠타마초 1초메 6
건립일	1996년 3월
건립자	오사카부/오사카시
크기	비: 세로 (전방) 45cm (후방) 110cm 가로 60cm 폭 (하부) 30cm (상부) 15cm (변형 사다리꼴)
비문	정면 이쿠타마공원 지하호

    일본은 앞선 전쟁에서 수많은 인명을 잃었으며 동시에 아시아태평양지역 국민들에게 큰 재앙과 고통을 안겨 주었음을 잊어서는 안 됩니다. 그리고 오사카도 8차례에 걸친 대공습을 포함한 50회가 넘는 공습으로 온 도시가 폐허로 변했습니다.

    이곳 이쿠타마공원은 1940년(쇼와 15) 5월 착공하여 1942년(쇼와 17) 5월에 문을 열었으며, 지하호는 당시 군부가 전세를 확대시키는 중에 공습에 대비하기 위한 '도시 방공호'로 오사카시가 건설한 것입니다.

    지하호에 대해서는 건설 과정과 사용 상황 등의 상세한 내용이 규명되지 않았습니다만, 전쟁 말기에는 육군이 사용하였습니다. 전후 미국전략폭격조사단(United States Strategic Bombing Survey)이 발간한 보고서는 당시 통상적으로는 입수하기 힘든 자재를 사용하여 건설한 '특별방공호'의 예로 보고하고 있습니다.

또 이 지하방공호 건설에는 당시 식민지 지배하에서 "강제연행 등으로 모집된 조선인이 가혹한 노동에 시달렸다"고 체험자가 증언하고 있습니다.

전후 50주년을 맞아 전쟁의 처참함을 후세에 전하고 국적·민족·문화 등의 차이를 초월한 상호 이해와 우호를 증진하고 세계 평화를 진심으로 기원하는 마음을 담아 이곳에 명판을 설치합니다.

1996년(헤이세이 8) 3월
오사카부/오사카시

해설 전후 50년 전적보존사업으로 건립된 것으로 행정기관이 가해의 전적(戰跡)도 보존해야 한다는 의견을 수용한 것이다.

● 오사카부

오사카성공원 안에 남아 있는 전쟁의 상처(명판)

大阪城公園内に残る戰爭の傷あと

소재지	오사카시 주오구 오사카성 3-11
건립일	1996년 3월
건립자	오사카부/오사카시
크기	비: 세로 (전방) 64cm (후방) 163cm 가로 180cm 폭 (하부) 40cm (상부) 15cm (변형 사다리꼴)
비문	정면 오사카성공원 안에 남아 있는 전쟁의 상처

　　　　일본은 앞선 전쟁에서 수많은 인명을 잃었으며 동시에 아시아태평양지역 국민들에게 큰 재앙과 고통을 안겨 주었음을 잊어서는 안 됩니다. 그리고 오사카도 8차례에 걸친 대공습을 포함한 50회가 넘는 공습으로 온 도시가 폐허로 변했습니다.

　　　　이곳 오사카성공원에도 수많은 공습으로 1톤 폭탄이 오사카성 덴슈카쿠(天守閣)에 떨어져 돌담이 파손되었고(덴슈카쿠 동북 모퉁이), 기관총의 발사로 돌담에 탄환 흔적이 남는 등 공습에 기인하는 것으로 추정되는 돌담 파손 등 수많은 전쟁의 상처가 남아 있습니다.

　　　　당시 공원 안에는 군사시설이 다수 있었으며, 특히 제4사단 사령부로 사용된 청사(현 오사카시립박물관)도 군사시설로서 오사카 시내에 현존하는 가장 규모가 큰 건물입니다.

또 공원 동쪽 일대에 펼쳐져 있던 오사카육군조병창(오사카포병공창)은 면적 1.8제곱킬로미터로 일본 최대 규모의 병기공장으로, 전쟁 말기에는 오사카본창을 포함한 전체 공장에서 일반 공원 외에 동원 학도·여자정신대·일반 징용공원 등 64,000명이 일하였습니다. 그 안에는 당시 식민지 지배하에서 강제연행 등으로 모집된 1,300명 이상의 조선 청년도 포함되어 있었습니다.

오사카육군조병창은 1945년(쇼와 20) 8월 14일의 격렬한 폭격으로 파괴되어, 지금은 과학분석장으로 이용되던 시설(전 자위대 오사카지방연락부) 등 일부만이 남아 있습니다. 그 후 본관이 있던 곳에 다목적으로 이용할 수 있는 홀인 '오사카성홀'이 지어졌으며, 진료소가 있던 곳에는 세계 평화와 번영에 이바지하기 위하여 오사카부·오사카시가 공동으로 설립한 '오사카국제평화센터(피스 오사카)'가 세워졌습니다.

전후 50주년을 맞아 전쟁의 처참함을 후세에 전하고 국적·민족·문화 등의 차이를 초월한 상호 이해와 우호를 증진하고, 세계 평화를 진심으로 기원하는 마음을 담아 이곳에 명판을 설치합니다.

1996년(헤이세이 8) 3월
오사카부/오사카시

해설 전후 50년 전적보존사업으로 건립된 것으로 행정기관이 가해의 전적(戰跡)도 보존해야 한다는 의견을 수용한 것이다.

● 오사카부

진혼의 종 鎭魂의 鐘
십육지장 十六地藏
모뉴먼트

소재지	오사카시 다이쇼구 미나미오카지마 3-6-11 오사카시립 미나미오카지마소학교 내
건립일	2003년 1월 29일
건립자	오사카시립 미나미오카지마소학교

해설 　1945년 1월 29일에 집단 소개로 3학년생 아동의 숙사로 사용되던 도쿠시마현 미마군 사다미쓰마치(현 쓰루기초)의 신코사(眞光寺)에서 원인 불명의 화재가 발생하여 아동 29명 중 16명이 빠져나오지 못해 사망하였다. 희생자 중에는 조선인 학생도 포함되어 있었다.
1946년, 아이들의 공양을 위하여 사다미쓰마치(貞光町)의 주민들과 도쿠시마현의 학교 관계자가 십시일반 돈을 모아 신코사 경내에 '십육지장존(十六地藏尊)'을 설치하였다.
2000년에 미나미오카지마소학교의 학생이 도쿠시마현에는 십육지장이 있는데 우리 학교에는 없는 게 이상하다고 중얼거린 것이 계기가 되어, 당시 난을 피한 사람들의 증언을 모아 2003년 학교 안에 십육지장의 모뉴먼트를 설치하고 교사에는 희생자의 초상화도 걸었다.

조선인 희생자 추도비
역사의 진실을 가슴 깊이 새기다

효고현

● 효고현

고요엔지하호군
(설명판)

甲陽園地下壕群

소재지	니시노미야시 고요엔 히노데초 6 - 43 히노데초사쿠라공원 내
건립일	불명
건립자	니시노미야시
크기	세로 2m 가로 1.5m
설명문	고요엔지구의 지하호군에 대하여

이 지하호들은 아시아태평양전쟁 말기에 국지전투기 '시덴카이(紫電改)'를 생산하기 위한 군사지하시설·지하공장으로 쇼와 20년(1945)에 건설을 시작하였습니다만, 사용된 적은 없습니다. 이 일대는 화강암이 풍화한 롯코산(六甲山) 특유의 토질 탓에 무너지기 쉽고 위험하여 지하호는 다시 메워졌습니다.

방공호 안에서 레일의 침목, 벽면에 적힌 '조선국 독립(朝鮮國 獨立)', '녹색의 봄(綠の春)' 등의 글자가 발견되었습니다.

전쟁의 기억을 풍화시키지 않고 남기기 위하여 이 설명판을 설치합니다.
산노히가시(山王東)공원에는 석비도 세워져 있습니다.
사진 자료에 대해서는 아래 니시노미야시 정보공개과로 문의하십시오.
(고요엔 지하호군 전체 지도와 그 안의 사진 3매)
자료 문의처-니시노미야시 정보공개과 전화: 0798-35-3740

해설

1호 지하호 터: 주차장, 2호 지하호 터: 택지 개발, 3호 지하호 터: 개발·함몰, 4호 지하호 터: 내부 붕괴·풍화로 인해 되메움, 5호 지하호 터: 택지 개발, 6호 지하호 터: 택지 개발, 7호 지하호 터: 입구만 현존. 이와 같이 모든 지하호 터가 되메워진 탓에 안으로 들어갈 수 없다. 지하호 터의 상부를 택지로 개발하기 위하여 민간 기업이 안전성을 조사한 후 2014년 3월에 마지막 4호 지하호가 되메워졌으나, 니시노미야시가 지하호를 소개하는 설명판을 부근 공원 안에 설치하였다. 지하호의 되메우기 조치나 설명판 조치에는 '니시노미야·고요엔의 지하호를 기록하고 보존하는 모임'이 깊이 관여하고 있다.

'니시노미야·고요엔의 지하호를 기록하고 보존하는 모임'이 요구한 문안은 "고요엔 일대 7곳에 분산되어 있는 지하호는 아시아태평양전쟁 말기, 미군기의 일본 본토 공습이 하루가 다르게 격화되자 국지전투기 '시덴카이'를 생산하기 위하여 가와사키항공기의 지하공장, 오사카해군경비부의 군용 지하시설로 건설되었습니다. 이 건설을 위해 일본인과 조선인 등은 강제노동에 시달렸습니다. 이곳에서는 레일 침목, 벽면에 적힌 '조선국 독립(朝鮮國 獨立)', '녹색의 봄(綠の春)'도 발견되었습니다. 침묵 속에 잠들어 있던 이 전적(戰跡)은 평화와 공존의 소중함을 말해 주는 귀중한 역사의 증언자입니다. 이 명판은 그 기억을 남기는 것으로 이곳에 설치합니다"였다. 하지만 수차례에 걸친 협상도 허무하게 조선인이 강제노동에 시달렸다는 부분은 채용되지 않았다.

조선인 희생자에 대해서는 조사 중이다.

● 효고현

제2차 대전 시 구적(舊跡) 고요엔지하호 터

소재지	니시노미야시 고요엔 산노초 1 – 114 산노히가시공원 내
건립일	불명
건립자	니시노미야시
크기	세로 70cm 가로 20cm 폭 20cm
비문	정면　　제2차 대전 시 구적(舊跡) 고요엔지하호 터 우측면　니시노이먀시
해설	고요엔에는 여러 개의 지하호 입구가 밖으로 노출되어 있다. 이 지역에도 터널이 있었다는 사실이 알려져 있었으나. 단순히 방공호로 불릴 뿐 그 규모나 구조, 사용 목적 등 자세한 내용은 전혀 알려지지 않았다. 다양한 자료와 증언을 토대로 이 터널이 태평양전쟁 중에 국지전투기 '시덴카이'를 생산하던 항공기 제조업체인 '가와니시항공기(川西航空機)'의 지하공장이었고, '본토 결전 체제' 아래 오사카해군경비부가 소개를 예정하였던 군용 지하시

설이었다는 사실이 밝혀졌다.

1987년 11월, 첫 지하호 조사가 시작되었다. 그 당시 벽에 적혀 있던 '녹색의 봄(綠の春)', '조선국 독립(朝鮮國 獨立)' 등의 글자도 발견되었다. 그 후의 조사에서 고요엔에 7곳, 총 31개의 터널이 있었던 것이 밝혀졌다. 1987년 12월 20일 《아사히신문》이 "전시 중 '지하공장' 확인"을 보도하였다. 1988년 2월에는 '전쟁을 기록하는 니시노미야시민 모임'이 결성되어 조사 체제를 꾸려 터널의 전모 규명과 기록 보존에 힘써 달라는 탄원서를 니시노미야시에 제출하였다.

1994년 12월, 보다 적극적으로 기록·보존을 위한 운동을 전개할 목적으로 '니시노미야의 고요엔지하호를 보존하는 모임'이 결성되었다. 그러나 고베대지진이 발생한 후, 지하호 안이 지진 피해로 손상되고 지상부의 개발을 위하여 되메우는 공사가 이어졌다. 위기감을 느낀 유지들이 1997년에 모임을 '니시노미야·고요엔의 지하호를 기록하고 보존하는 모임'으로 재편하고 니시노미야에 전시 중 유구로서 등록해 줄 것을 제안하였으며, 아울러 도시 개발에 따른 5호 지하호의 되메우기를 계기로 비의 건립을 요구하여 실현시켰다.

증언

이 지하호 건설 등에 조선인이 참여한 사실을 말해 주는 증언은 다수 존재한다.

"8월 15일 밤, 고요엔의 골짜기 광장에서 조선인들이 '전승축하회'를 성대하게 연 것이 기억나요. 모인 사람은 대략 2천 명 정도였어요."(가와니시항공기, 설계기사) "고요엔에서 터널을 파는 공사를 해군시설부로부터 도급을 맡은 곳은 오바야시구미, 니시마쓰구미, 고노이케구미(鴻池組), 오쿠무라구미(奧村組), 도비시마구미의 5개 회사였는데, 굴착공사를 한 것은 거의 조선인이었습니다. 한 구미에 90~100명, 다 합해서 400~500명 정도는 있었던 거 같아요. 그들은 산속이나 이곳저곳에 있던 노무자 합숙소에서 먹고 자고 했습니다."(지역 주민 남성) "도비시마구미의 경우에는 오사카의 다나가와(多奈川)나 센리의 해군 공사에 종사하던 조선인을 데려왔다. 그래도 사람이 부족해서 조선까지 가서 끌고 온 사람도 고요엔에 있었다. 적어도 60명 정도 밭일을 하고 있던 중에 트럭이 와서는 '오이오이'라고 부르니 뭔 일인가 하고 다가온 사람을 닥치는 대로 트럭에 태워 그대로 끌고 왔다. 그들을 각 구미에 할당했는데 그 사람들은 말도 모르고 보면 금세 구별이 갈 정도의 청색 작업복을 입고 있었고 모두 '마루보(マル防)' 표시를 달고 있었다. 이런 모습으로는 도망치고 싶어도 도망칠 수 없었다. 그 사람들의 합숙소는 일반 합숙소와 멀찌감치 떨어져 고요엔역 서쪽 산속에 있었다. 무성하게 자란 소나무를 갱목에 쓰려고 베어 버렸는데 그곳에 5, 6동의 합숙소가 서 있었다."(지역 주민 남성)

조선인 희생자에 대해서는 조사 중이다.

● 효고현

철도공사 중 직폐병몰자 초혼비

鐵道工事中職斃病歿者招魂碑

소재지	미카타군 신온센초 구타니 412 구타니하치만신사(久谷八幡神社)
건립일	1911년 10월 1일
건립자	철도공업합자회사 유지
비문	정면　철도공사 중 직폐병몰자 초혼비(鐵道工事 中 職斃病歿者 招魂碑)

비 뒷면에서 우측면에 걸쳐 업무 중 사망자[職斃者] 10명, 병으로 죽은 사람[病歿者] 17명의 이름과 출신지가 적혀 있다. 병몰자 중에 조덕언, 조경백, 조경숙, 이치실, 박화선, 김영식, 조철근 7명의 이름과 이름 앞에 출신지를 가리키는 '조선'이라는 글자가 새겨져 있다.

해설　비는 산인서선(山陰西線) 22, 23공사 구간 및 아마루베(余部)가교 공사 구간 공사에서 희생된 27명을 위령하기 위하여 건립되었다. 그중 7명이 조선인이다. 공사 구간은 모로요세(諸

寄)역 부근에서 아마루베가교 동쪽 끝까지의 구간이다. 산인선에서 가장 긴 도칸(桃観)터널과 아마루베가교공사를 포함하였다. 1908년 1월에 착공된 도칸터널 공사는 대량의 용수 피해로 인하여 3개월이나 중단되기도 한 어려운 공사였다. 1911년 12월에 공사를 준공하였다. 아마루베가교 공사도 당시 동양 최고의 철교로 일컬어졌을 만큼 대공사였다. 이 공사는 1909년 12월에 착공, 1911년 12월에 준공되었다. 당시 구타니에 거주하고 있던 주민은 "조선인은 … 옛날에는 서툴렀죠. 하지만 조용했어요. 그 무리(조선인)는 구호를 외치며 돌을 많이도 쌓아 올렸고 … 다른 인부는 돌 하나 옮기는데도 비틀비틀거렸지만 조선인은 영차, 영차라는 구호를 외치곤 했죠. 그리고 건강했어요. 밥을 먹고는 더 많이 일을 했으니…"라고 증언하고 있다. [참고: 인권역사맵 다지마판(일반법인 효고부락해방·인권연구소 편)]

● 효고현

위령탑
慰靈塔

소재지	가토시 야마구치 209-110[쇼와이케(昭和池)]
건립일	1934년 3월
건립자	불명
크기	비: 세로 160cm 가로 70cm 폭 40cm
	대좌: 세로 100cm 가로 230cm 폭 230cm
비문	정면　위령탑(慰靈塔)
	뒷면　(조선인 4명을 포함한 희생자 7명의 이름이 새겨져 있는 듯하나 노후화로 인하여 자세한 내용은 판독이 불가능하다.)
	※ 자료「걸어서 배우는 조선과 일본의 역사—효고 속 조선(歩いて知る朝鮮と日本の歷史—兵庫のなかの朝鮮)」(『효고 속 조선(兵庫のなかの朝鮮)』편집위원회)에는 "순직자 나카무라(中村島治), 사다마쓰(定松市太郎), 이노우에(井上春松), 민단기, 설영

찬, 조인식, 최봉학"이라고 새겨져 있다고 기술하였다. 아마도 민단기, 설영찬, 조인식, 최봉학이 조선인 희생자로 추정된다.

우측면   쇼와 9년(1934) 3월 건립

해설   개관용수를 안정적으로 공급하는 저수지는 이 지역의 숙원이었다. 용수 보급을 목적으로 한 저수지 축조공사는 1928년 10월에 착공되어 1934년 3월에 준공되었다. 위령탑은 6년간의 공사 기간 중에 사망한 조선인 4명을 포함한 7명의 희생자를 추모하기 위한 것이다. 쇼와 9년(1934) 3월 건립하였다고 새겨져 있으나, 그 경위나 발기인 등에 대한 자세한 기술은 없다. 저수지의 저수량은 150만 제곱미터이며 만수 시 면적은 15헥타르로 고시엔구장의 11.5배에 달한다. 골짜기의 양 경사면을 깎아 터널을 포함하는 인수로, 간선수로 10.7킬로미터를 만드는 난공사였다. 이 공사에 많은 조선인들이 동원되었다. 1931년에 다이너마이트 사용을 둘러싸고 조선인과 일본인의 난투사건이 발생하는데, 이 사건에 70명의 조선인이 관계되었다고 보도하였다. 1930년의 국세조사를 보면, 공사 현장 주변의 가미후쿠다무라(上福田村)에 거주하던 조선인은 106명이나 인접 마을에는 많아도 10명 정도였으므로 거의 전원이 공사 관계자였던 것으로 추정된다.

[참고: 인권역사맵 하리마판(일반법인 효고부락해방·인권연구소 편)]

● 효고현

아이오이평화 기념비
相生平和記念碑

소재지	아이오이시 아이오이스에이시 5342 아이오이시영 도부묘원(東部墓園) 내
건립일	1995년 11월 1일
건립자	아이오이시 한국조선인강제연행희생자무연불위령비건립실행위원회
비문	정면　　　한국·조선인 무연불지비(韓國朝鮮人 無緣佛之碑)
	정면 우측　〈일본어〉
	정면 좌측　〈한국어〉
	고향의 부모님을 생각하며 가슴을 치고
	이 몸의 운명을 한탄하며 통곡을 하고
	이국 땅에서 장례도 못 치른 채
	의지할 곳 없이 돌아가신 영령들이여
	그러나 다시 살아나서
	역사의 아픔을 알리고
	평화의 등불이 되어
	이웃으로서의 앞길을 밝혀 주신 영령들이여
	여기에 고이 잠드소서
	西紀一九五年十一月一日 乙亥 陰閏九月九日
부속비	정면 좌측　찬조자 방명(생략)

설명판

유래

1991년에 조선인강제연행진상조사단이 『하리마조선소(播磨造船所) 50년사』를 토대로 조사하던 중 오지마산(大島山) 젠코사(善光寺, 주지 大道眞猛)가 앞선 전쟁 중에 강제연행되어 무주고혼(無主孤魂)의 우리 동포 60위의 무연고 유골을 맡고 있다는 사실을 알고, 아이오이시 내 조선총련과 한국민단이 손을 잡고 '무연불의 비를 세우는 모임'을 결성하였습니다. 이 묘지는 아이오이시로부터 무상으로 제공받은 것이며, 또 뜻 있는 많은 사람들의 기부와 아이오이시민의 협력 아래 이곳에 '평화기념비'를 완성하였습니다.

1995년 11월 1일
아이오이시 한국조선인강제연행희생자무연불위령비건립실행위원회
한국민단 아이오이분단 대표 김청일
조선총련 아이오이지부 대표 최동기
위원 이건오 조판태 김상동 김종률 이연우 김병원

해설

1991년 8월 조선인강제연행진상조사단이 『하리마조선소(播磨造船所) 50년사』를 토대로 아이오이를 방문하여 당시 젠코사(善光寺, 아이오이시)에 조선인의 것으로 추정되는 약 60위의 무연고 유골이 안치되어 있다는 사실을 밝혀낸다. 조사에 동행한 현지 총련과 민단 대표의 호소로 이듬해인 1992년 2월에 총련·민단이 공동으로 '조선인 무연불의 위령비건립실행위원회'를 결성하고, 같은 해 8월 13일에 젠코사에서 무연고 유골의 공동 공양을 거행하였다. 1993년 아이오이시는 위령비 건립을 위한 토지를 무상으로 제공하기로 결정하였고, 1995년 11월 1일 많은 찬조금을 토대로 '아이오이평화기념비'가 건립되었다. 아이오이시는 과거 구 하리마조선소(현 주식회사 IHI)의 기업 도시로 번영을 구가하였는데, 제2차 세계대전 중 구 일본군 군수공장이었던 이 회사에 2,000명 이상의 조선인이 징용되었다. 통근은 4열종대로 헌병이 커다란 목도를 들고 인솔하였고, 열악한 노동 환경과 비인도적인 대우, 아침 일찍부터 밤 늦게까지 이어지는 휴식 없는 노동, 부족한 식사 등과 같은 상황 속에서 매일같이 사망자가 속출하였고, 조선인의 시신은 들판에서 태워졌다는 등의 증언이 남아 있다. 유골은 광복 직후 300위가 넘었으나 조국으로 귀국하는 조선인이 동포의 유골을 들고 돌아갔다고 한다. 남은 유골은 검게 그을린 상자나 성냥갑, 캐러멜 통, 신문지, 종이 상자에 마구잡이로 담긴 잡골 등 처참한 모습이었다.

[참고: 인권역사맵 하리마판(일반법인 효고부락해방·인권연구소 편)]

● 효고현

고베전철 부설 공사 조선인 노동자의 상

神戸電鐵敷設工事朝鮮人 勞動者の像

소재지	고베시 효고구 에게야마초 3
건립일	1996년 11월 24일
건립자	고베전철부설공사조선인희생자를 조사하여 추도하는 모임
크기	비: 세로 140cm 가로 67cm 폭 47cm
	대좌: 세로 87cm 가로 86cm 폭 67cm
비문	정면　고베전철 부설공사 조선인 노동자의 상
	(神戸電鐵 敷設工事 朝鮮人 勞動者の像)
	뒷면　고베아리마(神戸有馬)전철, 미키(三木)전철 부설공사 중 희생되신 아래의 조선인 노동자 13명을 추모하고, 아울러 두 민족의 영원한 우호와 친선을 증진하기 위하여 건립합니다.

　　　한계문 42세 1927년 8월 1일　야마다초 시모타니가미
　　　조봉주 30세 상동　　　　　　상동
　　　김상섭 26세 1928년 1월 15일 히가시야마초 4초메 히가시야마터널
　　　　　　　　　　　　　　　　　동쪽 입구

황범수 31세	상동	상동
박종술 27세	1928년 10월 23일	가라스하라(烏原)저수지 속
박남근 32세	1936년 11월 25일	야마다무라 아이나(藍那)터널 동쪽 입구
박봉두 47세	상동	상동
김동규 25세	상동	상동
이명복 24세	상동	상동
강학수 35세	상동	상동
진남술 30세	상동	상동

1996년 11월 24일
고베전철부설공사조선인희생자를 조사하여 추도하는 모임
제작자 긴조 미노루(金城實)

해설 고베전철은 고베아리마전철(1927~1928년 부설)과 미키전철(1936~1937년 부설)이 1947년에 합병하여 설립되었다. 1920~1930년대의 부설공사에 1,200~1,800명의 조선인이 종사하였다. 수많은 사고가 발생하였음에도 신문기사로 확인되는 사망 사고는 5건이며 사망자는 13명이다. 1992년부터 '고베전철부설공사조선인희생자를 조사하여 추도하는 모임'이 활동을 시작하여 1996년 11월 24일에 긴조 미노루 씨가 제작한 조선인 노동자의 청동 동상이 건립되었다. 낙성식에는 한국의 유족, 추도하는 모임 대표, 조선총련 대표, 한국영사가 참석하여 제막하였다. 1928년 7월 26일자 《오사카매일신문(고베판)》에는 '삶의 비애 / 염열지옥에서 고투하는 조선인 노동자 무리'라는 기사와 '염천하에서 신음하는 조선인 노동자'라는 제목의 사진이 실려 있다. 4번의 노동쟁의가 발생하고, 특히 1927년에는 1,200명의 조선인 노동자가 참여하여 동맹파업을 일으켰다. 추도하는 모임의 활동으로 1994년에 희생자 가족이 초대되어 추도 집회를 열었다.

[참고: 인권역사맵 아와지·고베증보판(일반법인 효고부락해방·인권연구소 편)]

● 효고현

고베항 평화의 비
神戸港 平和の碑

소재지	고베시 주오구 가이간도오리 3-1-1 KCC빌딩
건립일	2008년 7월 21일
건립자	전시하 고베항의 조선인·중국인 강제연행을 조사하는 모임
크기	세로 130cm 가로 100cm 폭 28cm
비문	정면 고베항 평화의 비

아시아·태평양전쟁 시, 고베항에서는 노동력 부족을 보충하기 위하여 중국인·조선인이나 연합국 군포로에게 항만 하역작업이나 선박 건조 등의 가혹한 노동을 강요하였고, 그 과정에서 많은 사람들이 희생되었습니다.

우리들은 이 역사를 마음에 새기고 아시아의 평화와 공생을 맹세하여 여기에 비석을 세웠습니다.

2008년 7월 21일

	고베항 세계 2차 대전 시 조선인·중국인 강제연행조사회
뒷면	없음

해설 1989년 10월에 '전시하 고베항의 조선인·중국인 강제연행을 조사하는 모임'이 결성되어[대표: 야스이 산키치(安井三吉)] 조사 활동을 거쳐 이 비가 건립되었다. 국제도시로서 유명한 고베항은 군항(軍港)의 기능도 가지고 있었다. 아시아태평양전쟁 당시 미쓰비시중공 고베조선소, 가와사키중공 고베함선공장 등의 군수공장에서는 공원이 전쟁터로 동원되어 인력이 부족해지자 여성과 중학생 이상의 학생도 동원하였다. 그리고 1939년 이후에는 「조선인 노무자 내지 이주에 관한 건」에 의거하여 조선인 강제연행을 시작하였다. 1944년 8월에 징용령에 따라 함경남도에서 강제연행된 박구회 씨는 가와사키중공 고베함선공장에서 노동을 강요당하였다. 증언에 따르면, 숙소인 히가시타루미료(東垂水寮)에는 약 3,000명의 조선인이 수용되어 있었고, 시오야역(塩谷驛)에서 고베역까지는 통근전차인 쇼센(省線, 현 JR선)을 탔고 그곳에서 공장까지는 걸어서 다녔다고 한다. 잠수함의 전성관 생산 같은 단순 작업에 동원되었으며, 배를 곯는 게 가장 고통스러웠다고도 털어놓고 있다. 1990년에 공개된 「이른바 조선인 징용자 등에 관한 명부의 조사에 대하여」('후생성명부')에는 미쓰비시중공 고베조선소 1,984명, 가와사키중공 후키아이(葺合)공장 1,398명, 고베제강소 본사공장 413명, 고베선박 하역주식회사 148명 등의 명부가 실려 있다.

[참고: 인권역사맵 아와지·고베증보판(일반법인 효고부락해방·인권연구소 편)]

이 비의 비문은 일본어, 영어, 한국어, 중국어 순으로 되어 있다.

● 효고현

도후쿠사 조선인 무연불 사리탑

東福寺 朝鮮人無緣佛舍利塔

소재지	고베시 주오구 구니카도오리 7-2-6 도후쿠사(東福寺) 내
건립일	불명
건립자	도후쿠사
크기	비: 세로 140cm 가로 90cm 폭 90cm 대좌: 세로 90cm 가로 90cm 폭 90cm
비문	구회일처(俱會一處)
해설	1945년 6월에 발생한 고베대공습 후, 도후쿠사(東福寺)에 '조선인의 유골'이라 적힌 상자가 하나 들어온다. 맡아 줄 곳이 없으니 안치해 달라는 부탁과 함께였다. 현재는 일본인의 것으로 추정되는 무연고 유골과 함께 버마의 파고다양식의 불사리탑에 안치되어 있다. 효고현에서는 미군의 공습으로 약 77만 명이 피해를 입었으며, 조선인도 2만 500명이 피해를 입었다고 알려져 있다. 강제연행명부에 따르면 가와사키제철 후키아이공장에서 9명, 미쓰비시중공 고베조선소에서 6명, 가와사키제철 효고공장에서 6명의 조선인이 희생되었다. 가와사키중공의 『사사(社史)』에 따르면, 가와사키중공 고베함선공장의 히가시타루미료에서도 14명의 조선인이 희생되었다. 하리마조선소에서는 5명의 조선인이 사망한 것을 확인할 수 있다. 또 가와사키중공 후키아이공장에서는 공습 당시 70여 명의 '도망자'가 있었다고 알려져 있는데, 이 조선인들이 희생되어 도후쿠사에 들어왔을 가능성도 부정할 수 없다. 명부에는 없으나 가와사키제철의 고베시 주오구 후키아이경찰서 부근의 기숙사에 조선인이 200~300명 있었고, 대공습 당시 거의 전원이 사망하였다는 증언도 나오고 있다. [참고: 인권역사맵 아와지·고베증보판(일반법인 효고부락해방·인권연구소 편)]

조선인 희생자 추도비
역사의 진실을 가슴 깊이 새기다

나
라
현

● 나라현

한국인 희생자 무연불 위령비
韓國人犧牲者無緣佛 慰靈碑

소재지	이코마시 혼마치 13-62 이코마산(生駒山) 호도쿠사(寶德寺)
건립일	1977년 6월
건립자	조남식(개산조 주지)
크기	비: 세로 15cm 가로 77cm 폭 39cm 대좌: 세로 23cm 가로 190cm 폭 120cm
비문	정면 서기 1977년 정사(丁巳) 6월 길일 유지 일동 건지(建之) 한국인 희생자 무연불 위령비 긴키닛폰철도주식회사 사장 이마자토 에이조(今里英三) 서(書) 뒷면 없음

| 해설 | 이코마산(生駒山) 호도쿠사(寶德寺)의 강영희(아오야마) 현 주지와 그 배우자의 증언, 그리고 여타 자료에 따르면, 1913년 1월 26일에 이코마수도(이코마터널) 공사 중 발생한 낙반사고로 152명이 산 채로 묻혀 20명의 희생자가 발생하였다. 그 안에는 한반도에서 온 노동자들도 있었다. 이 참사를 당시 《아사히신문》은 크게 보도하였으나 당사자인 오사카전기궤도(大軌, 긴키닛폰철도의 전신)는 아무런 보상도 하지 않았고 위령 법요조차 열지 않았다. 부득이하게 조선인 노동자들이 협의하여 희생자들의 넋을 달래기 위하여 무연불상 2기를 직접 조성하여 이코마수도 동남쪽 입구에 안치하였다. 세월이 흘러 이코마시 야마사키신마치(山崎新町) 청년단원이었던 이코마시의회의원 3명이 무연불상이 들판에 묻혀 있는 것을 보고, 지금의 호도쿠사 경내로 옮겨 마을의 고적(古跡)인 지장보살과 함께 안치하여 시민이 매년 지장분(地蔵盆)*에 맞춰 독경과 봉오도리**를 추고 공양하였다. 그 후 경내에 다시 봉안하여 무연불의 성불을 기원하기 위하여 조남식 개산조 주지가 이코마시의회의원, 지역 청년단의 협력 아래 건립하였다. |

---

* 주로 교토 등에서 8월 23일, 24일에 개최하는 행사를 말한다.
** 일본의 추석 때 추는 춤을 말한다.

● 나라현

야마토해군항공대 야마토기지 터에 대하여 (설명판)

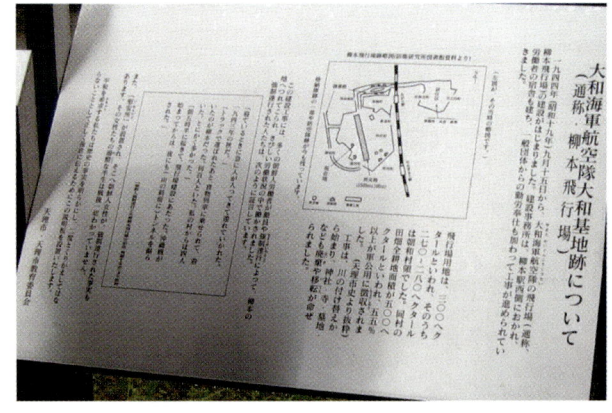 

설명판이 철거된 터

소재지	덴리시 도오다초
건립일	1995년 8월
건립자	덴리시, 덴리시교육위원회
비문	

정면 야마토해군항공대 야마토기지(大和海軍航空隊 大和基地) 터에 대하여
(통칭 야나기모토비행장)

1944년(쇼와 19) 9월 15일부터 야마토해군항공대의 비행장(통칭 야나기모토비행장)의 건설이 시작되었습니다. 건설사무소는 야나기모토(柳本)역 서쪽에 설치되었고, 노동자의 합숙소도 세워져 일반 단체의 근로 봉사도 더해 공사가 진행되었습니다.

비행장 용지는 300헥타르로 알려져 있으며, 그중 270~280헥타르는 아사와무라(朝和村)에 속해 있었습니다. 이 마을의 총 전답 면적은 500헥타르였으므로 55% 이상이 군용지로 징수된 것과 진배없었습니다. (『덴리시사(天理市史)』에서 발췌)

이 건설공사에는 많은 조선인 노동자가 동원 혹은 강제연행으로 야나기모토로 끌려와 가혹한 노동 환경 속에서 노동을 강요당하였습니다.
강제연행된 사람들은 다음과 같이 증언하고 있습니다.

"자고 있는데 갑자기 들이닥쳐서는 끌려왔다. 1943년 가을이었다."

> "트럭으로 이송된 후 화물열차에 태워져 도착한 곳이 야나기모토였다. 수백 명이나 되었다. 우리 마을에서만 4명 있었다. 좌우간 많았다."
> "아침 5시 반에 일어나 비행장을 건설했다. 오키나와전이 시작된 후에는 밤에도 (산의 경사면에) 터널을 팠다."
> 『조선인 강제연행과 덴리야나기모토비행장』(나라현에서 조선인 강제연합 등에 관한 자료를 발굴하는 모임, 1991)에서 발췌

또 '위안부소'가 설치되어 그곳에 조선인 여성이 강제로 끌려오기도 했습니다. 그 여성들의 처참한 반생은 전후 전혀 알려지지 않았습니다.

평화를 기구하는 우리들은 역사의 사실을 밝히고 두 번 다시 되풀이하지 않기 위하여 후세에 널리 알리고자 이 설명판을 설치합니다.

덴리시, 덴리시교육위원회

뒷면   없음

해설 태평양전쟁 말기, 현재의 나라현 덴리시에 조성된 '야마토해군항공대 야마토기지' 건설은 1943년 가을 무렵부터 시작되었다고 한다. 건설 당시 조선인들이 강제연행되었고 병설된 '위안소'에는 조선인 여성들이 끌려왔다. 이 사실(史實)을 명기한 설명판을 시와 시교육위원회가 직접 설치한 때는 전후 50주년에 해당하는 1995년이다. 1970년대부터 거의 모든 문헌이 남아있지 않은 상황에서 방위성 전사자료실의 자료와 관계자, 한국의 강제연행 피해자 등의 증언을 수집하여 그 사실을 밝혀 왔다. '나라현에서 조선인 강제연행 등에 관한 자료를 발굴하는 모임'과 '덴리시동화교육연구회'(당시)의 협력 아래 역사와 인권 학습에 보탬이 되고 싶다는 시의 뜻으로 사실을 명기한 설명판이 설치되었다.

하지만 2014년 4월 18일, 전후 70년을 앞두고 "이른바 '강제성'까지 포함해 시와 시교육위원회의 공식 견해로 해석되는 게시는 적절하지 않다"며 설치자가 설명판을 돌연 철거하고 만다. '덴리·야나기모토비행장 터의 설명판 철거에 대하여 생각하는 모임' 등은 설명판의 재설치를 요구하는 서명 활동을 전개하고 있다.

조선인 희생자 추도비
역사의 진실을 가슴 깊이 새기다

돗토리현

● 돗토리현

공양탑
供養塔

공양탑

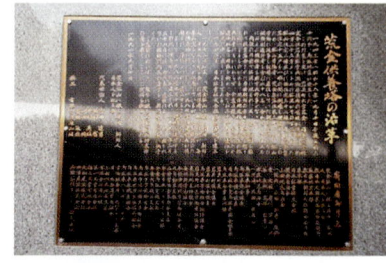
우측 부속비

좌측 부속비

소재지	이와미군 이와미초 아라가네
건립일	공양탑 1948년 10월 (1988년 9월 10일 지금의 위치로 이전)
	부속비 1991년 9월 10일
건립자	공양탑 니혼광업주식회사
	부속비 아라가네(荒金)광산에 잠든 한국인·조선인·일본인을 모시는 모임
비문	정면 공양탑
	뒷면 쇼와 18년(1943) 9월 10일 진재이재 사망자씨명(震災罹災 死亡者 氏名)
부속비(우)	아라가네 공양탑의 연혁

1943년(쇼와 18) 9월 10일 오후 3시 36분, 돗토리지진이 발생하였다. 이 열진으로 이와미초 오아자 아라가네, 니혼광업주식회사 이와미광업소 전물퇴적장의 제방이 무너지면서 약 4만3천 세제곱미터의 광니(鑛泥)가 그 하류에 있던 광산 주택 2동과 비주택 32동, 그리고 아라가네부락 주택 15가구를 한순간에 덮쳐 모조리 매몰시키고 말았다. 이로 인하여 광산 노동자, 아라가네부락 주민 37명, 광산 노동에 종사하며 노무자 합숙소에서 거주하던 한반도에서 온 피강제연행자를 포함한 28명, 총 65명에 달하는 희생자를 낸 대참사가 발생하였다.

가족이 눈앞에서 광니에 매몰되거나 멀리 조국을 떠나 피해를 입고 목숨을 잃은 당시 조선분들의 원통함을 생각하면 가슴이 미어진다. 관계 지역 주민의 필사적인 구출 작업에도 여진이 계속되는 데다 광니로 인하여 시신 수습이 극히 어려워 지금도 20여 명의 시신은 광니 속에 남아 있다.
1948년, 니혼광업주식회사는 공양탑을 건립하였다.
1972년 이래 '아라가네광산에 잠든 한국인·조선인·일본인을 모시는 모임'의 관계자, 지역 주민이 매년 희생자의 넋을 달래기 위하여 공양해 왔으나, 지반이 약해 공양탑이 기울어지자 1987년 재건·이전안이 제기되었고 이에 기부금을 모아 건립하기로 결정한다.
그 후 1988년 9월 10일, 모국이 멀리 내려다보이는 이곳에 공양탑이 이전·건립되었으며, 1990년 3월 23일에는 모임 대표와 유족이 찾아낸 고(故) 박용복 씨의 유골을 한국 망향의 동산으로 봉환하였다.
영전 앞에 엎드려 구천에 잠드신 혼에 애통함과 애도의 뜻을 표하고 명복을 비는 바이다.

1991년 9월 10일
아라가네광산에 잠든 한국인·조선인·일본인을 모시는 모임

대표 도움인 요시다 다쓰오(吉田達男) / 기타무라(北村哲) / 기타무라(北村英雄) / 오카다(岡田明) / 다니가키(谷垣敏雄)
시공 유한회사 다키야마구미

기부자 방명
아라가네(荒金)광산에 잠든 한국인·조선인·일본인을 모시는 모임 / 재일본대한민국거류민단 돗토리현 지방본부 / 재일본조선인총연합회 돗토리현 본부 / 니혼광업주식회사 / 아라가네자치회 / 오다지구자치회(인나이, 오다, 도노무라, 엔코사, 오사카, 가라카와, 구로다니, 이케다니, 초고, 다카즈미, 이와쓰네) / 혼조지구자치회(가와사키, 오타, 혼조) / 돗토리현지사 / 돗토리현의회의장 / 돗토리현의회의원 / 일본사회당 돗토리현의회의원 / 돗토리현 기업입지과 / 이와미초 / 이와미초의회의장 / 이와미초의회의원 / 돗토리현노동조합총평의회 / 이와미초지구노동자평의회 / 도부지구평의회 / 전임노노동조합 / 사철주고쿠지방노동조합 히노마루자동차지부 / 산인노동금고 돗토리지점 / 전금일본페라이트지부 / 전금돗토리전기지부 / 전금오토리기공지부 / 돗토리시학교급식회 / 돗토리시청직원노동조합 / 돗토리현공제생활협동조합 / 돗토리현교직원

조합 / 돗토리현하이야, 택시조합, 히노마루하이야지부 / 히노마루세이노노동조합 / 오다가와토지개량구 / 유한회사 다키야마구미 / 다이이치공업유한회사 / 후쿠카미공업유한회사 / 다이와건설주식회사 / 다자와건설주식회사 / 산인석제센터주식회사

부속비(좌)

쇼와 18년(1943) 9월 10일 진재이재 사망자 씨명

박용복	오소덕	조춘자	조영자	박호자	배소덕	김창일

김막오　　김익영　　김인규　　구니모토(國本阿其)
구니모토 영규(國本英奎)　　구니모토 학규(國本學奎)
구니모토 옥화(國本玉花)　　박막동　　박일주　　박병주　　박정자
박에키코　　아오마쓰 도선(靑松道善)　　아모마쓰 통순(靑松通順)
박옥남　　박흥식　　박순자　　쓰루야마 정순(鶴山丁順)
쓰루야마(鶴山, 이름 미상)　　쓰루야마(鶴山, 이름 미상)
이케타니(池谷)　　미에코　　이케타니 사에코
하마자키 겐　　니시자키 미설　　니시가키 도라
호소야(細谷彌十)　　호소야(細谷春子)　　호소야(細谷茂治)
호소야(細谷絹江)　　호소야(細谷光政)　　가노(加納勝)
가노(加納せつ)　　가노(加納龍造)　　가노(加納賴幸)
다나카(田中恒男)　　다나카(田中昌幸)　　다나카(田中道子)
우에무라(植村末子)　　우에무라(植村康子)　　우에무라(植村咲子)
우에무라(植村英美)　　우에무라(植村薰)　　야마모토(山本鹿德)
야마자키(山崎君江)　　사카시타 시카(坂下しか)
다카가키 하루코(高垣春子)　　야마네 하루코(山根春子)
기타무라(北村竹枝)　　야마시타 산(山下サン)
기타무라(北村忠勇)　　기타무라 미요(北村ミヨ)
기타무라(北村信子)　　기타무라(北村福俊)
모리타 시카(森田しか)　　기타무라(北村八重)
기타무라(北村千代子)　　야마자키(山崎有三)

[시바야마 호카이(柴山抱海) 서(書)]

해설　'아라가네 공양탑의 연혁' 내용과 같다.

조선인 희생자 추도비
역사의 진실을 가슴 깊이 새기다

오카야마현

● 오카야마현

조선인 수난비
朝鮮人受難碑

소재지	오카야마시 기타구 에키마에초 2초메
건립일	1993년 3월
건립자	일조협회 오카야마현 지부
크기	비: 세로 85cm 가로 185cm 폭 50cm
비문	정면 조선인 수난비(朝鮮人 受難碑) 뒷면 조선인 수난비(朝鮮人 受難碑)

한일병합(1910)을 기점으로 조선을 식민지로 지배하자, (조선인은) 살 길을 찾아 일본으로 건너와 태평양전쟁에 강제연행되어 오카야마현의 군사 산업을 비롯한 위험한 사업소에서 혹사와 차별을 당하였다. 전후 현 불교회와 일조협회 오카야마현 지부가 수습하여 판명한 유골은 78위에 달하며 이 중 대부분이 출생지 불명으로, 실로 일본 군국주의의 용납할 수 없는 결과인 이 행위에 깊은 사죄의 뜻을 표한다. 1960년 이래 20여 년에 걸쳐 위령 공양을 거행하였다.

유골 송환은 국가 간의 문제도 얽혀 아직도 실현되지 않고 있으며 이 불행한 사실을 기억하고 고인을 위령하는 뜻을 가슴 깊이 새겨 대한민국, 조선민주주의공화국의 자주 통일을 지지하고 평화, 우호, 연대의 맹세를 담아 오카야마현의 협력 아래 이 비를 건립한다.

1993년 3월
일조협회 오카야마현 지부

해설	비문의 내용과 같다.

● 오카야마현

한국·조선인 강제연행노동 희생자 위령비
韓國·朝鮮人强制連行 勞動犧牲者慰靈碑

소재지	구라시키시 미즈시마묘진초 1-60
건립일	1996년 5월
건립자	윤신웅(尹信雄)
크기	비: 세로 85cm 가로 140cm 폭 40cm
	대좌: 세로 45cm 가로 200cm 폭 95cm
비문	정면　한국·조선인(韓國·朝鮮人)
	강제연행노동 희생자(强制連行勞動 犧牲者)
	위령비(慰靈碑)
	머나먼 조국 땅에서 이국의 땅 이곳으로 강제연행되어
	소중한 생명을 희생한 사람들이여 편안히 잠들기를
	뒷면　재일본한국민단 오카야마현 구라시키지부 건립
	1996년 5월 길일
해설	구라시키 지역에 위령비가 없었기 때문에 건립되었다.

조선인 희생자 추도비
역사의 진실을 가슴 깊이 새기다

히로시마현

● 히로시마현

위령탑·위령비
慰靈塔·慰靈碑

소재지	기타히로시마초 호소미 오도마리(王泊)댐
건립일	1959년 5월
건립자	주고쿠전력주식회사
크기	탑: 세로 250cm 가로 40cm 폭 30cm
	탑의 대좌: 세로 50cm 가로 80cm 폭 60cm
비문	① 탑 정면 위령탑(토대 부분에 희생자의 이름이 새겨져 있다)
	뒷면 없음
	② 비 정면 위령비 / 주고쿠전력주식회사
	뒷면 없음
해설	오도마리댐은 1935년에 준공되었다. 댐 건설 당시, 조선인 노동자들이 가혹한 강제노동에 시달렸다. 1934년 8월에 다이너마이트 폭발 사고가 발생하여 25명이 희생되었는데, 그중 14명이 조선인이었다고 한다. 주고쿠전력은 희생자를 위한 위령비와 위령탑을 건립하였다.

정토신종 니시혼간사 히로시마별원 부윤번 아베 에쇼(安部恵証) / 전국피폭교사의 모임 회장 이시다 아키라(石田明) / 다카노초 마치장 후지와라(藤原公昭) / 기미다촌(君田村) 촌장 후지와라(藤原淸隆) / 미요시지방사연구회 회장 후지와라(藤原耕市) / 작가 야마시로 도모에(山代巴) / 재일본조선인피폭자연락협의회 회장 이실근 제자 휘호 기노시타 보쿠우(木下朴雨) 박정자

부속비	정면	추도비건설협력 주요 단체
	우측면	히로시마현 교직원조합
		히로시마현 고등학교 교직원조합
	좌측면	히로시마고교생 평화제미날
		히로시마지구고교생부락문제연구협의회
	뒷면	다카노초
		미쓰기지방사연구회
해설		고보댐은 1949년, 히로시마현 최북단에 위치한 다카노초(高野町)에 준공되었다. 댐 건설을 위하여 강제연행된 조선인 노동자는 가혹한 환경 속에서 중도농을 강요당하다 많은 사람들이 희생되었다. 주민들 사이에서는 댐의 제방 속에 조선인 노동자가 선 채로 죽어 있다는 이야기까지 있을 정도다. 1994년, 당파를 초월하여 일조 공동 운동으로 추도비 건립을 위한 모금이 진행되었다. 교직원조합, 히로시마시고교생부락문제연구협의회, 히로시마시고교생평화제미날의 회원들은 가두 캠페인을 전개하여, 불교도와 기독교, 일조(日朝)를 불문하고 각 방면에서 기부금을 모으고 언론 보도로 분위기를 고조시켜 1만 명 이상으로부터 목표 금액 400만 엔을 모금하였다. 추도비의 석재를 한반도에서 수입하여 한반도 방향을 향해 건립하였다. 제막식은 일조의 청년들을 중심으로 히로시마조선학원의 고교생 및 일본의 고교생과 중학생 총 200여 명이 참가하여 과거의 불행한 역사에서 교훈을 배워 일조 양 민족의 우호와 평화를 지킬 것을 추도비 앞에서 맹세하였다.

야마구치현

조선인 희생자 추도비
역사의 진실을 가슴 깊이 새기다

● 야마구치현

순직비
殉職碑

소재지	시모노세키시 히코시마에노우라
건립일	1942년 11월
건립자	구 일본국유철도
크기	비: 세로 61cm 가로 31cm 폭 22cm
	대좌: 세로 14cm 가로 67cm 폭 54cm
비문	정면　순직비(殉職碑)
	뒷면　간몬연락선공사순직자
	(조선인 4명의 이름) 이공금 조용동 손위경 신성윤
해설	간몬(關門)철도터널은 일본 혼슈(야마구치현 시모노세키시)와 규슈(기타큐슈시 모지구)를 잇는 세계 최초의 해저 터널이다. 처음부터 일본의 대륙 진출(중국 및 조선 침략과 식민지 경영)을 목표로 기획되었다. 1936년 하행선 공사를 착공하여 1944년에 상하선이 모두 개통되었다.

작업은 구 일본국유철도 담당 구간과 건설회사 오바야시구미 등의 도급 구역으로 나뉘어 진행되었고, 일본국유철도 직원은 한반도로 건너가 직접 작업원을 '모집'하였다.

중앙협화회(中央協和會) 『이입 조선인 노동자 상황조(狀況調) 쇼와 17년(1943)』에는 "취로장명(就勞場名) 철도시모노세키공사 고모리에(小森江)출장소. 1942년도 승인 수 200", "취로장명 철도성공사사무소. 6월 말 고용 수 100, 100. 3월 말, 6월 말 현재 수 48, 30"이라고 기록되어 있다.

시모노세키 쪽 터널 입구에 서 있는 '순직비'에는 일본인의 이름과 함께 조선인의 이름이 새겨져 있다. 하지만 그것도 기술자 일부일 뿐이며 다른 조선인 희생자의 기록은 없다.

● 야마구치현

공양탑
供養塔

소재지	슈난시 신구초 1-1 이데미쓰코산(出光興産)주식회사 도쿠야마(德山)제유소 정원 내
건립일	1957년 12월 10일
건립자	공양탑건립발기인 전 제3해군 연료창장 와타나베 이사부로(渡邊伊三郎) 외 65명
비문	정면 공양탑(供養塔) 뒷면 없음
부속비	공양탑 건립의 글 쇼와 20년(1945) 5월 10일, 극히 맹렬하던 대폭격 상황 속에서도 의연히 그 직무를 다하고 어려움 속에서 목숨을 바친 영령 297위의 생전의 용감한 모습을 그리며 영명(英名)을 새기어 삼가 명복을 빈다 공양탑건립발기인 전 제3해군 연료창장 와타나베 이사부로(渡邊伊三郎) 외 65명
명판	(희생자 이름이 새겨져 있으며, 조선인의 이름과 창씨명도 섞여 새겨져 있다.) 본명 사례 이부연 (* 전체 명단은 생략)

명판

제2차 세계대전 이전 슈난시(周南市, 구 도쿠야마시)에는 해군 제3연료창이 위치해 있었으며, 1936년부터 이 시설 북부에 5만 톤 규모의 지하저유탱크 건설이 시작되었다. 그런데 실제로는 사용되지 않은 채 패전을 맞아 12기로 공사가 중단되었다. 『도쿠야마시사(德山市史)』는 이 건설을 위하여 2,000명의 '징용' 노동자가 동원되었다고 기록하고 있으며, 이 지역에서도 조선인이 동원되었다고 회자되고 있다.

전후 연료창 터는 이데미쓰코산(주)이 매입하여 석유제유소를 건설한다. 1945년, 도쿠야마시에서는 2번의 공습으로 연료창을 중심으로 많은 희생자가 나왔다. 이데미쓰코산(주)은 그 후 희생자의 신원을 확인하고, 1957년 회사 부지 안에 공양탑을 세웠다. 이후 매년 공습이 있었던 5월 10일에 유족을 초대하여 법요를 열고 있다.

1993년 여름, 야마구치진상조사단은 이데미쓰코산(주)을 찾아 자료 등의 조사를 요청하여 전사자 명부를 열람할 수 있었다. 명부에서는 확실하게 조선인임을 알 수 있는 15명이 확인되었다. 이 15명은 회사 측이 유족을 찾았음에도 유족의 주소가 확인되지 않았다고 한다. 강제연행된 조선인일 가능성이 높다. 공양탑에는 전체 희생자 297명의 이름이 새겨져 있으며, 그중에 조선인 이름, 창씨명이 15명 가량 새겨져 있다. 이 사실은 전후 반세기가 지나 진상조사단의 조사로 처음으로 밝혀졌다. 진상조사단은 2017년 5월에 법요에 참석하여 처음으로 묵념하였다. 명부 열람에 흔쾌히 응해 주고 지금까지 공양을 해 준 이데미쓰코산(주)에 감사드린다.

● 야마구치현

조세이탄광 수몰 사고 희생자의 비·명판(추도 광장)

長生炭鑛 水沒事故犧牲者

설명판 가운데의 사진은 바다에 우뚝 솟아 있는 피야(해저 갱도의 바닷물 배수·배기구 2개)를 촬영한 것

소재지	우베시 니시키와 1-23
건립일	2013년 2월 2일
건립자	조세이탄광의 물비상을 역사에 새기는 모임
크기	비: 높이 200cm 직경 70cm×2개
	희생자의 이름을 새긴 명판: 가로 250cm
	추도 광장: 부지 면적 33,725㎡
비문	정면 좌 강제연행 한국·조선인 희생자
	정면 우 일본인 희생자

한국·조선인

강순세	강정생	강태봉	구수명	권도문	권서설	권도목	권오문
김갑수	김계종	김교조	김달술	김동병	김두만	김만석	김만조
김명수	김명욱	김복수	김봉근	김봉득	김사랑	김삭겸	김상봉
김석조	김신조	김언준	김영근	김영출	김완복	김용석	김차진
김차진	김원술	김원덕	김유준	김일환	김재성	김정색	김주보
김지도	김철득	김철호	김춘회	김칠성	김학수	김화상	남호덕
명길찬	명무생	박광환	박남석	박내오	박맹문	박명규	박삼돌
박상봉	박상윤	박석기	박억룡	박연하	박영기	박을룡	박익통
박일룡	박재환	방성달	백유실	백한흠	서득룡	서문일	서진규
선도준	손용학	손장평	손춘득	송상룡	신삼윤	신용업	신종윤
심송치	안병후	안석록	양삼암	양임수	오호반	우한주	유을수

윤덕룡　이강신　이경봉　이봉운　이상윤　이상해　이성득　이우길
이종봉　이중오　이태영　이황연　임은준　임정순　장몽침　장태준
정성도　정임출　조재복　지금산　차순성　최낙동　최양해　최원조
최인용　최일봉　최정일　최정이　최태룡　허명돌　허재금　홍상대
황길수　황병갑　황석조　황종길　이시하라(石原) 주동　完山 철재
도쿠야마(德山) 종학　　도쿠야마(德山) 주변　　홍전굉
나카무라(中村) 복돌　　나가야마(永山) 상근　　나가야마(永山) 유선
히로다(廣田) 재연　　호시야마(星山) 기발

일본인

新垣加那	新垣永光	池田行雄	井上友次	岩切文治
岩崎政輔	岩永熊右衛門	上田勘次郎	上田佐六	上田百一
江本軍次	大城惣助	岡茂正清	小川 勝利	小野燾實
神川鑛一	川下幸右衛門	北代善助	黑井仙松	小寺常次郎
島袋貞淸	關口喜太郎	高野平吉	土屋 恒雄	常西初忠
中川勇	中川實記	永島良二	仲松三良	中元琴二
蠅田德二	橋本勝太郎	橋本幸太郎	原寅次郎	日高德市
本田小十郎	增永義雄	松原義一	松山 駿一郎	溝上國造
溝部小左衛門	三好要一	村田薰	免谷丈兵	森與次郎
安田薰	山下榮吉			

설명판

추도

1942년 2월 3일 이른 아침, 여기 니시키와(西岐波)해변에 있었던 長生탄광에서「水非常」(수몰 사고)이 일어나 183명이나 되는 사람들이 산 채로 갱도에 갇혀 희생되었습니다.

아시아·태평양 전쟁을 시작한 일본은 국책으로서 석탄 증산을 강력하게 추진했습니다. 그것은 위험하게 누수 사고를 되풀이하고 있었던 長生탄광도 예외가 아니었습니다.

희생자 가운데 136명은 일본 식민지 지배 정책 때문에 토지·재산 등을 잃어버려 부득이 일본으로 일거리를 찾으러 건너오거나 혹은 노동력으로서 강제연행되어 온 조선 사람들이었습니다.

또한, 일본인 47명도 많은 이재민과 같이 전쟁의 혼란 속에서 내버려졌습니다. 억울한 죽음을 당하고, 아직까지도 2개「피야」의 깊은 바다 속에서 잠들고 계시는 분들께 삼가 애도의 뜻을 표합니다.

진정한 평화를 실현해 나가기 위해서 이 장소가 역사의 진실과 마주하고, 미래를 희구하는 장소가 되기를 기원합니다.

2016년 1월 30일 / 長生탄광의 水非常을 역사에 새기는 모임

해설 비는 '조세이탄광의 물비상을 역사에 새기는 모임'[대표: 고(故) 야마구치 다케노부]이 주축이 되어 건립되었다. 그 후 남한의 희생자 유족을 찾은 것을 계기로 1992년에 '일본조세이탄광 희생자 대한민국유족회'가 결성되었다.

사고 후 51년째를 맞이하는 1993년, 유족회를 초청하여 현지 해안에서 첫 추도회와 제사를 거행하였고, 이후 매년 추도식을 열고 있다. 그리고 2009년에는 용지를 취득하여 추도비건립위원회를 꾸려 2013년 2월에 추도비를 건립하였다. 또 이를 계기로 유족들의 염원으로 지금도 해저에 방치된 상태인 유골 수습을 과제로 내걸고 2014년에 새로운 규약에 따른 '조세이탄광의 물비상을 역사에 새기는 모임'[공동 대표: 이노우에 요코, 우치오카 사다오, 기무라(木村道江)]을 발족하였다.

이 비의 설명판은 일본어, 한국어 순으로 되어 있다.

● 야마구치현

위령비
慰靈碑

소재지	슈난시 오도오리
건립일	불명(댐 완공일은 1940년 10월)
건립자	불명
비문	정면　위령비(慰靈碑)
	(희생자 중 확인 가능한 조선인은 3명) 박쾌성, 김경수, 박소길
	뒷면　없음
해설	니시키가와(錦川) 수계 니시키가와의 고도(向道)댐은 1937년 해안부에 있는 해군연료창의 공업용수 부족을 해소하기 위하여 건설되기 시작하였다. 『도쿠야마해군연료창사(德山海軍燃料廠史)』에는 "1938년(쇼와 13) 기공, 1939년(쇼와 14) 11월에 공기 1년 7개월에 완성"이라고 기록되어 있으며, 그리고 "공사 청부인은 도쿄의 시미즈구미이며 노동자는

총 16만1천 명(이 중 조선인이 전체의 60%)을 사용하여 완성시켰다"라고 적혀 있다.

조선인 노동자의 존재는 댐 옆에 서 있는 위령비를 보아도 확실하다. 비문에 9명의 이름이 새겨져 있으며, 그중 3명의 조선인을 확인할 수 있다. "24일 오전 3시 반경 야마구치현 쓰노군 고도촌 오아자 오도오리아자가와 여울 니시키가와 강변 송수터널 굴착공사 현장에서 야근 중이던 인부 4명이 착암기 2대로 갱도 굴착작업을 하던 중에 전날 정오경 장진 폭파한 후 남은 화약이 착암기의 마찰열로 자연 폭발하여 일대 굉음과 함께 폭발, 조선 출신으로 당시 고도촌에 거주하던 기노시타(木下亀吉) 즉 박쾌성 씨(당시 32세)는 조각들이 전신에 비산하여 즉사, 그 부근에 있던 조선 출신으로 다무라(田村一〇) 즉 피귀동 씨(30세), 조선 출신으로 사이모토(崔元春吉) 즉 최사만 씨(31세), 조선 출신으로 가네코(金子〇夫) 즉 김성실 씨(36), 조선 출신으로 도요시마(豊島倉吉) 즉 하복〇씨(34세)는 각각 치료 1주일 내지 2개월이 필요한 부상을 입었다."(《주고쿠신문》 1938년 8월 25일자)

이 댐 건설은 군이 주도한 탓에 당시의 건설 모습 등을 좀처럼 찾을 수 없어 노동 실태를 알 수 없으나 이 신문 기사를 통해서 알 수 있듯이 상당히 힘든 돌관공사였던 듯하다. 기사에 따르면, 사고는 오전 3시 심야에 발생하였다. 낮에 장진 폭파한 화약이 남아 사고가 발생하고 있어 주야를 막론하고 공사를 진행하고 있었던 듯하다. 또 사망한 박 씨 외 부상자 4명도 모두 조선인으로 댐 건설의 가장 위험한 작업인 굴착공사에 종사한 조선인의 노동 실태도 엿볼 수 있다.(이세모토 겐, 『조선인강제연행조사의 기록 – 주고쿠편(朝鮮人强制連行調査の記録—四國編)』, 가시와쇼보, 2001에서 발췌)

조선인 희생자 추도비
역사의 진실을 가슴 깊이 새기다

에히메현

● 에히메현

조선인 강제연행 순직자비

朝鮮人强制連行殉職者碑

소재지	에히메현 니이하마시 벳시야마(別子山)
건립일	1993년 8월 11일
건립자	에히메현 조선인강제연행진상조사단
크기	(비) 세로 100cm 가로 15cm 폭 15cm
비문	정면 조선인 강제연행 순직자비(朝鮮人 强制連行 殉職者碑) 뒷면 조선인강제연행진상조사단
해설	스미토모광업(住友鑛業) 벳시동산(別子銅山)에는 1939년부터 3년간 700명의 조선인이 있었다(1942년의 중앙협화회『이입 조선인 노동자 상황조(狀況調)』). 그리고 벳시야마무라 이가다쓰(笳津) 광구 부근에는 '반도 나가야(長屋)', 즉 별명으로 '조선인 나가야'라 불리던 사택 터가 남아 있다. 나가야는 일본의 전통 집 구조로 공동주택을 말한다. 1991년 2월에 시코쿠지방에서 조선인강제연행진상조사단이 조사를 실시하여 같은 해 8월에 벳시동산에서 희생된 조선인을 추모하는 집회가 열렸다. 당시 에히메현의 일조협회 회장이던 사사다 도쿠사부로(笹田德三郎)가 주축이 되어 니이하마시와 협상하여 이 비를 건립하게 되었다. 임시 묘표의 비가 낡아 2006년 8월 10일에 새롭게 지금의 묘표를 세웠다. 그 주변에는 작은 돌을 쌓아 올려 만든 28기의 묘가 있으며, 근처 난코원(南光院)의 과거장에서 3명의 조선인 박순동, 남평 석규(南平錫奎), 야마모토 명자(山本明子)가 묻힌 것이 확인되었다. 매년 8월 10~12일 사이에 조일 공동 추모 집회를 열고 있다.

조선인 희생자 추도비
역사의 진실을 가슴 깊이 새기다

고치현

● 고치현

박이동위령지비
朴二東慰靈之碑

소재지	하타군 오쓰키초
건립일	1995년 2월 5일
건립자	위령비건립위원회
비문	정면 박이동위령지비(朴二東慰靈之碑)

가시와지마선(柏島線) 도로는 1944년 12월 방위도로로 착공되어 이듬해 3월에 완성되었다. 이 공사에는 약 40명의 조선인이 강제연행되어 단애절벽의 가장 위험한 가시와지마~잇사이(一切) 공사 구간에 종사하였다. 1954년 2월 5일 저녁 작업 중 돌연 발파사고가 발생하여 철봉이 박 씨의 왼쪽 눈을 관통하면서 박 씨는 현장에서 즉사하였다.

박 씨는 1920년 전라남도 완군 안면(완도군 소안면으로 추정-필자) 진산리에서 태어나 1939년에 결혼한 지 3개월 만에 강제연행되었다.

신부를 남겨둔 채 다시 고국의 땅을 밟아 보지도 못하고 망향의 한을 가슴에 품고 이국의 땅에서 27세의 생을 마감하였다.

이 도로는 박 씨를 비롯한 수많은 조선인의 피와 땀과 눈물의 고귀한 희생으로 건설되었음을 영원히 잊어서는 안 된다.

50주기를 맞아 이곳에 위령비를 건립하니 부디 넋이 편안히 잠들기를 바라며 아울러 영원한 조일친선우호를 기원한다.

　　　　　　　　　　1995년 2월 5일　위령비건립위원회 건지(建之)

뒷면　위령비건립위원회 대표 위원

　　　　오쓰키초지구 회장(가시와지마지구장)　요네시마　데루아키(米島輝明)

　　　　오쓰키초수산이사회장(가시와지마어업조합장)　가메오(亀尾猶蔵)

　　　　오쓰키초장　이케자와 히로시(池澤宏)

　　　　오쓰키초의회의장　우치하라(内原猪之助)

　　　　오쓰키초 부초장(건립사무국장)　사카모토(坂本椙保)

해설　비문의 내용과 같다.

● 고치현

쓰가댐 평화기념비
津賀댐 平和祈念碑

① 비(좌측) ② 지장(비의 아랫부분) ③ 부속비(우측)

소재지	다카오카군 시만토초 쓰가 쓰가댐호반(2006년 3월 20일 구보가와초와 다이쇼초가 합병하여 시만토초의 일부가 됨)
건립일	2009년 8월 9일
건립자	쓰가댐평화기념비건설위원회
크기	비: 세로 230cm
비문	쓰가댐 평화기념비 고향인 조선반도에 돌아갈 수 없었던 희생자들을 기억하고 이 땅이 국경을 넘어 우정과 평화가 널리 펼쳐지는 장소가 되기를 기원하며
부속비	지장　　　　장녀 가네모토(金本菊子) 쇼와 17년(1943) 11월 3일 연 5세 기원비는 터널공사 중에 나온 돌을 모아서 제작했다. 방사탑 위에 있는 자연석은 한국의 국조「까치」를 나타내고, 악의를 먹어 없앤다는 뜻을 가진다. 지장보살상은 한국과 일본의 고교생이 협력해서 만들었다. 솟대라고 불리는 나무탑은 지역의 안전을 기원하는 것으로, 꼭대기에 있는 자연나무는「압」를 나타나며 혼이 고향에 돌아간다는 의미가 있다. 과거를 되돌아보고 평화로운 미래를 만들어 사람들의 따스한 온정이 있는 교류가 계속 되어지기를 기원하며 　　　　　　　　　　　2009년 8월 9일 쓰가댐평화기원비건설위원회

중일전쟁이 교착 상태에 들어선 一九三八년에 국가총동원법이 공포되어, 군용 목적으로 전력을 국가가 관리하고 국책회사인 일본발송전주식회사가 이 쓰가댐(발전소)을 건설했다.

쓰가댐 공사는 一九四一년에 시작되었으나, 태평양전쟁이 발발하면서 노동력 부족으로 인해 한반도 각지에서 약 二〇〇명의 사람들이 모아졌다.

쓰가댐 본체의 돌자갈은 산을 넘어서 옮겨졌고, 옛 도와손 쓰가까지 산을 도려낸 五六六三미터의 터널을 만들어 九六미터 낙차*가 있는 수력발전소를 건설했다.

주야 교대로 행해진 매우 위험하고 어려운 공사였던 터널공사에서의 사고로 인한 사망이나 강에서의 익사, 운반 차량에 의해 희생된 어린이를 포함한 다수의 희생자가 이 지역 공동묘지나 산중에 이름 없는 무덤으로 매장되어 있다.

一九九〇년부터 하다 고교생 세미나에서 조사를 시작하고 이 지역의 협력을 얻어서 실태를 밝히는 중에 조선고급학교나 한국의 고교생이 이 땅을 방문하게 되었다. 지역주민들이나 관계기관의 협력·모금활동으로 추도의 평화기원비의 건설을 호소했다.

해설

2008년 하타제미날의 학생들이 무연고자 묘지에 잠든 조선인 노동자의 위령을 위하여 공양탑 건립을 결정하였다. 주민들과 건설위원회를 결성하여 고지현 국제교류협회와 시만토초(四万十町), 시코쿠전력 외에 각계 단체와 개인의 협력을 받아 '쓰가댐 평화기념비'를 1년에 걸쳐 완성하였다. 댐의 도수로 공사에서 나온 것으로 추정되는 돌 약 300개를 모아 쌓아올렸다. 그 안에 무연고자 묘지에서 가지고 온 흙을 넣었다. 건설과 제막식 등에 146만 엔이 들었다. 이 비용은 지원 단체와 개인의 기부로 충당하였다(인터넷 언론 '리버럴 21' 이와다레 히로시 참조).

이 비의 비문은 한국어, 일본어로 되어 있다.

---

* 일반사단법인 전력토목기술협회 인터넷 정보에는 1, 2호기의 유효 낙차가 96.3m로 기재되어 있다.

조선인 희생자 추도비
역사의 진실을 가슴 깊이 새기다

후쿠오카현

● 후쿠오카현

조선인 탄갱 순난자지비

朝鮮人炭坑殉難者之碑

소재지	다가와시 가와미야 1385 호코사(法光寺)
건립일	1975년 1월(1997년 3월 재건)
건립자	다가와시장 다키이 요시타카(瀧井義高)
크기	비: 세로 170cm 가로 33cm 폭 30cm
	대좌: 세로 85cm 가로 180cm 폭(테두리) 180cm
비문	정면　　적광(寂光)
	우측면　조선인 탄갱 순난자지비(朝鮮人 炭坑 殉難者之碑)
	뒷면　　쇼와 50년(1975) 1월 건립
	釈定昭
	도움인 다키이 요시타카(瀧井義高)
설명판	순난비 '적광'
	〈일본어〉
	〈한국어〉

1910년 일본은 조선반도를 지배하에 두고 이후 1945년 패전까지 식민지 통치를 실시하였다. 특히 1931년부터 15년 전쟁을 일으킨 것으로 하여 일본 국내의 로동력이 부족하게 되어 이곳 지꾸호에서도 석탄 채굴의 로동력으로 약 15만 명에 달하는 조선인이 강제련행되어 왔다. 이후 1945년까지의 강제로동과 렬악한 환경 속에서 약 2만 명이 갱내사고와 질병에 인하여 세상을 떠났다. 이 순난비에는 살아서 조국산천과 혈육들을 다시 만나지못하고 억울하게 숨지어 간 조선인들의 유골이 안치되어 있다. 이

자리에 모여든 사람들이여 모두 다 력사의 사실을 가슴에 새겨 두자.

「적광」은 경전에 「상적광토」 —항상 고요한 빛이 차넘치는 세계— 즉 극락 정토의 모습을 표현한 말이다.

1975년 법광사 복구공사에 제하여 이 순난비도 개축하여 영대의 공양에 부치고 아울러 일본과 조선반도의 친선과 국제사회의 평화를 기원하는 바이다.

해설 1970년대 조선인강제연행진상조사단이 규슈, 후쿠오카현 지쿠호(筑豊) 지방을 조사하는 과정에서 강제연행된 희생자의 유골이 호코사(法光寺)에 안치되어 있는 것을 확인하였다. 그 후 조선총련 다가와지부(현 지쿠호지부)가 시장, 호코사와 협의를 거듭한 끝에 1975년 1월에 호코사 광해(鑛害) 복구에 맞춰 이 비를 건립하였다. 비는 1997년 3월에 개축, 재건되었다.

● 후쿠오카현

덕향 추모비
德香追慕碑

소재지	가호군 게이센마치
건립일	1982년 8월 1일(1994년 1월 30일 재건)
건립자	강제연행을 생각하는 모임 대표 도움인 오노 세쓰코(大野節子) 조선총련 가한잔지부 민단 이즈카지부

크기	① 비: 세로 200cm 가로 30cm 폭 20cm
	   대좌: 세로 100cm 가로 100cm 폭 100cm
	② 부속비: 세로 100cm 가로 100cm 폭 20~40cm
	   대좌: 세로 90cm 가로 200cm 폭 130cm

비문	비 정면 덕향 추모비(德香 追慕碑) 측면 쇼와 57년(1982) 재건
부속비	정면 덕향 추모의 비에 부쳐

이 덕향 추모비는 요시쿠마(吉隈)탄광 재해 희생자의 넋을 달래기 위한 것이다. 일본의 대륙침략정책으로 한일병합이 강행되고 조국에서 살 수 없어 도항해 온 조선인 노동자들과 때마침 발생한 경제공황을 헤쳐 나가려는 사람들이 산탄지인 지쿠호로 모여 든다. 생산을 우선시한 나머지 가혹한 노동을 강요당하면서 탄광 재해는 증가해 간다. 이러한 상황 속에서 1936년(쇼와 11) 1월 25일 갱

안에서 화재가 발생해 29명(조선인 25명, 일본인 4명)이 목숨을 잃었고 이들을 위령하기 위하여 덕향 추모비가 건립되었다. 그 후 전쟁의 격화와 함께 강제연행, 강제노역 희생자도 합장되었으나, 반면 '충혼비'라고도 불리면서 '후방의 수호'를 기원하는 등 전쟁에 이용되기도 하였다.

전후 비는 이러한 역사적 배경 탓에 경원시되었고 석탄시대의 종언과 함께 방치되었다. 1980년경 회사는 단지를 조성하기 위하여 비를 철거하려 하였다. 이에 주민들은 이 비가 요시쿠마탄광의 중요한 유적이며 조상들이 겪은 고통의 역사라며 재건을 강하게 요청하였고, 1982년(쇼와 57) 5월 새로운 덕향 추모비가 이곳을 성지로 하여 재건되었다.

전쟁의 과오를 두 번 다시 되풀이하지 않기 위해서도 희생자들의 넋을 달래고 공양하는 것은 자손의 의무라며 발기한 지역 주부들이 주축이 되어, 평화와 우호가 퍼져 나가기를 기원하면서 봄가을의 오히간과 우란분절에 공양제를 열고 있다.

1985년 12월 덕향 추모의 비공양실행위원회

뒷면　'덕향'

花香不逆風 芙蓉栴檀香 德香逆風薰 德人徧聞香

부용이나 전단의 좋은 향기도 바람을 거슬러서는 전해질 수 없으나, 덕의 향기는 바람도 거슬러 그 향기 어디고 두루 퍼진다.
『법구경』에서 발췌함.

쇼와 11년(1936) 1월 25일 요시쿠마탄갱
사고순직자 합장자

배순만 40세	문봉석 68세	김칠암 27세	최차업 23세
윤수연 19세	현명용 33세	김원시 27세	오소용 28세
성복업 30세	김신덕 25세	박윤석 37세	허덕봉 30세
김한수 34세	황수영 22세	김범수 40세	전경렬 35세
신상길 21세	긴쇼(金小七岩) 24세		오석액 32세
김범이 50세	추점상 22세	박헌득 37세	김판조 37세
이계운 31세	마쓰오카(松岡勉) 26세		

후카노(深野繁雄) 40세　　　　요시다(吉田時次郎) 28세
다니구치(谷口豐次) 35세　　　오시게(大重盛義) 25세

대좌 봉납
재일가한잔코리아동포 한국범아대리석주식회사 대표이사 박정배
주식회사 다이신(大親) 회장 조영진
기타큐(北九)종합석재유한회사 대표자 기타무라(北村昌樹)

해설 1986년 4월, 게이센마치(桂川町)에 거주하는 오노 세쓰코(大野節子) 씨를 중심으로 시민단체인 '강제연행을 생각하는 모임'이 결성되어 공양제를 열어 왔다. 생각하는 모임은 강제연행 관계 자료의 조사 수집, 희생자의 유골 수습, 학습회·강연회·견학회 개최, 그리고 관계 단체·기관·조직과의 연계 교류 등을 폭넓게 추진하여 왔다. 1993년에 오노 씨가 총련과 민단에 낡은 비를 공동으로 재건하자고 제안하면서 양쪽의 거듭된 협의를 거쳐 '재일가한잔코리아동포'라는 이름 아래 기념비를 건립하였다.

● 후쿠오카현

한국인 징용 희생자 위령비
韓國人徵用犧牲者慰靈碑

소재지	다가와시 이타
건립일	1988년 4월
건립자	민단 다가와지부
크기	비: 세로 300cm 가로 60cm 폭 60cm
	대좌: 세로 220cm 가로 300cm 폭 300cm
	대좌 우측 비문 번역: 세로 90cm 가로 120cm 폭 20cm

비문		
	정면	한국인 징용 희생자 위령비(韓國人 徵用 犧牲者 慰靈碑)
	우측면	서기 1988년 4월
		대한민국민단 후쿠오카현 다가와지부
		'한국인징용희생자위령비' 건립위원회
	좌측면	生于大韓 無數寃魂 在此同胞 昭昭英靈
		死於異國 敦不痛惜 堅碑記蹟 度幾○格
	뒷면	없음
대좌	정면	〈한국어〉
		碑文
		이 세상에 사는 모든 生物은 다 저마다의 삶을 누리고자 한다. 소리개는 하늘에서 날고 고기는 뭇에서 뛰노는 것은 그들이 모두 때를 만나 마음껏 저들의 삶을 즐기는 것이다. 微物이라도 이러하거늘 하물며 萬物의 靈長이라는 人間에게 있어서야 더 말해 무어하랴. 大韓帝國 末期 合併이라는 이름 아래 日本은 不義를

恣行한 일이 많은데 其中 하나는 第二次 世界大戰 時 韓國人을 強制로 徵用하여 犧牲시킨 일이다. 情든 故國과 父母 妻子 兄弟姉妹 親知를 떠나 山 설고 물 설며 風俗과 人情이 다른 異國 땅에 끌려와 戰爭에 投入되고 勞役에 시달리다가 夢寐에도 그리던 父母 妻子 故國山川을 보지 못하고 이 세상을 떠나갔으니 그 冤痛한 恨이야 어느 때 가시랴. 無情한 歲月은 흘러 이제 四十餘 年이 지났으며 世上은 많이도 變하였다. 더 歲月이 흐르면 이런 悽慘한 일도 묻혀질 것 같기에, 이 땅에 살고 있는 同胞 一同은 한 조의 돌비를 세워 否塞한 國運을 만나 數많은 미상 님들의 冤魂을 길이 慰勞하고 다가오는 세상에는 이런 不幸한 일이 다시 일어나서는 안 되겠다는 誓戒의 徵表로 하고자 하오니, 冥界의 英靈이시여, 지난 惡劫을 모두 잊으시고 고이고이 잠드소서.

慶州后人 鏡湖 安敬洙

우측면	한국인 징용 희생자 위령비 찬조자 방명 13명 열거 민단 다가와지부 560만 엔 민단부인회 25만 엔
좌측면	한국인징용희생자위령비건립위원회 고문 3명　　위원장 1명　　부위원장 3명 사무국장 1명 위원 1명(한자로 열거함)
뒷면	없음

해설	다가와시 석탄역사기념박물관이 있는 교통공원의 한 귀퉁이, 약간 봉긋 솟은 언덕 위에 일본인, 조선인, 중국인 희생자를 위령하는 비가 서 있다. 이 세 비는 각각 다가와지구 탄갱 순난자 위령비(1989년, 당시의 오쿠다 하치지(奧田八二) 현 지사가 비의 글을 썼음), 한국인 징용 희생자 위령비(1988년 4월), 강제연행 중국인 순난자 진혼의 비(2002년 4월, 일중우호협회 다가와지부)이다. 조총련과 민단은 공동으로 위령비를 세우기 위하여 수차례 협의하였으나, 결국 합의에 이르지 못해 민단이 독자적으로 한국인 징용 희생자 위령비를 건립하였다.

● 후쿠오카현

위령비
慰靈碑

소재지	기타큐슈시 와카마쓰구 후카마치 1초메 오다야마영원(小田山靈園)
건립일	1990년 12월
건립자	시민 그룹 7개 단체('강제연행의 흔적을 청년들과 찾아가는 여행' 실행위원회, 반전반핵반원전을 생각하는 모임, 민족차별을 없애는 시민연락회의, 지문날인제도를 철폐시키는 모임·기타큐슈, 일본기독교단 기타큐슈지구인권위원회, 기타큐슈자립연대노동조합, 가부토야마사건후원회), 기타큐슈시
크기	비: 세로 80cm 가로 120cm 폭 25cm 대좌: 세로 60cm 가로 160cm 폭 90cm
비문	정면 위령비 / 1945. 9. 17 와카마쓰오키(若松沖) 조난자 뒷면 〈일본어〉

설명판(우측)	〈한국어〉

一九四五년 제二차 세계대전이 종결, 강제연행 등으로 일본에 살고 있던 조선인들이 앞다투어 귀국하다가 와까마쯔 바다에서 폭풍으로 조난당했습니다.
그 시신이 여기에 잠자고 있습니다.
그들의 영혼을 위로하는 뜻을 가득 담은 이 비를 건립합니다.

一九九〇년 十二월 건립
기타큐슈시

설명판(좌측)	〈일본어〉 〈한국어〉

비의 유래

1910년 일본은 한일합방에 관한 조약을 발효하고 한반도를 식민지화했습니다.
이 정책으로 인하여 토지나 생활기반을 빼앗기고 일본에 이주할 수밖에 없었던 조선인들이 있었습니다.
또는 태평양전쟁이 진행중 일본에 강제로 끌려가 공장이나, 탄광에서 가혹한 노동에 시달린 사람들도 많았습니다.
1945년 8월 15일, 전쟁이 끝나서 일본에 살았던 많은 조선인들이 앞다투어 귀국하였습니다.
9월 17일 귀국 도중 와까마쯔 바다에서 마꾸라자끼태풍을 만나 그리던 조국땅을 딛지 못하고 조난당한 사람들이 여기에 묻혀 있습니다.
이 비는 조난자들의 영혼이 편안히 잠들고 평화우호를 기리고 다짐하는 뜻으로 건립된 것입니다.

1995년 8월
기타큐수시

해설	1981년 5월에 일조협회(日朝協會) 기타큐슈지부가 1945년 9월 오다야마영원(小田山靈園)에 히비키나다(響灘)에서 조난당하여 와카마쓰구의 북쪽 해안 일대에 표류한 조선인 시신이 그대로 매장, 방치되어 있는 것을 알고 문제를 제기한다. 그 후 조총련 지부와 손을 잡고 시와 협상에 나섰다. 시민 그룹이 "너무한 게 아니냐"며 목소리를 높이면서 1990년에 들어 운동이 본격화되었고, 합류한 시민 단체도 7곳으로 늘고 민단도 참가하기에 이른다. 끈기 있게 협상을 이어간 결과, 시민 그룹 7개 단체와 행정기관이 합의에 도달하여 이 비를 건립하였다.

● 후쿠오카현

송암보리
松岩菩提

소재지	구라테군 고타케마치 니이다
건립일	1994년 8월 21일
건립자	고타케마치합맹공양탑관리조합 조합장 야마자키(山崎浩)
크기	비: 세로 200cm 가로 50cm 폭 50cm
	대좌: 세로 200cm 가로 550cm 폭 600cm
	부속비: 세로 120cm 가로 80cm 폭 20cm
비문	정면　송암보리(松岩菩提)
	뒷면　'송암보리' 공양탑 건립
	발기인 고타케마치합맹공양탑관리조합 조합장 고바야시(小林文雄)
	[구성 단체와 대표]
	후쿠오카현퇴직교직원협의회 조쿠안지부 오카무라(岡村元蔵)
	강제연행을 생각하는 모임 오노 세쓰코
	재일본대한민국민단 후쿠오카현 조쿠안지부 백규현
	재일본조선인총연합회 가한잔·조쿠안지부 김방우
	고타케마치 니이다구 다케다(竹田忠夫)
	지역 유족 미즈무라(水村政夫)

| 설명판 | 정면   송암보리의 비
〈일본어〉
뒷면 〈한국어〉
송암보리비문
온가천 유역은 일찍이 곡창지대로 하여금 사람들은 소박한 삶으로 석탄이 발견되고서도 모두가 민용으로 삶에 큰 변화는 없었다. 그러나 명치시대가 되어 일본은 급속히 자본주의의 길로 가기 시작한 때문에 당시 에네루기의 중심이였던 석탄은 식산과 군용 면에 수요가 확대돼가서 이곳은 일약 주목을 갖게 됐다. 나라의 보호를 받아 대자본이 점점 진출해 가고 이곳은 석탄지로서 「축풍탄전」이라고 부르게 되어 양상은 일변해 갔다.
대자본의 이윤 추구는 안전대책보다 노동력 확보와 노무관리에 중점을 두었다. 특히 전쟁 전, 전쟁 중에 있어서는 노동력은 극도로 부족하였다. 국가총동원법과 국민징용령 등을 공포하여 노동력의 확보에 임하였으나, 전쟁은 점점 가열이 되고 건강한 자는 점점 군에 소집하여 가기 때문에 응급책이라고 하여 징용의 명칭을 빌어 조선반도로부터 젊은 자를 강제연행해 와 험악하고 위험한 장소에서 가혹한 노동에 종사하였다.
특히 탄광은 노동조건이 나쁜 데다 탄가루, 가스폭발, 갱내화재, 출수, 낙반 등 규모가 큰 재해가 빈번하여 많은 희생자를 냈다. 여기는 이러한 희생자를 묻었던 고하광업 목미탄광의 묘지였다.
묘석에는 계명도 없고 대신에 직종만 새겨져 있든가 묘석 대신 송암(돌)이 놓여져 있어 매장한 자를 확인할 수 없는 통탄할 양상이였다.
이 묘지가 개발함에 개장되어 탄광의 역사와 증거가 소멸되었을 때 이것을 여러 사람들이 탄광 희생자의 공양을 하기 위한 지방주민과 시민단체와 동포희생자의 위령과 복권을 바라는 재일 코리아 동포들이 협력하여 여기에 공양탑을 건립하게 된 것이다.
여기에 희생자의 명복을 빌고 탄광의 역사를 교훈으로 하여 생명의 중요성을 세상에 알려 다시는 이런 불상사가 없도록 일깨워 주는 묘비가 되기를 원한다.
1994년 8월 고다께마찌 합맹공양탑 관리조합 |
|---|---|
| 해설 | 고타케마치(小竹町) 니이다(新多)에 있던 합맹(合盟)묘지는 1991년 말에 옛 후루카와(古河)광업주식회사가 골프장 개발 회사에 매각된 이후, 1992년 2월에 부지 조성을 위하여 중기로 굴 |

착하면서 파괴되었다. 이때 234위의 유골이 수습되어 엔쇼사(円照寺)에 보관되었다. 매장자의 이름이나 총 인원수 등의 정식 기록은 전혀 없다.

이때 문제가 제기되어 탄광 희생자를 애도하고 공양하는 인도주의적 뜻을 받들고 국책으로 강제연행을 실시한 역사를 배우는 장으로서 현지에 납골식 공양탑을 건립하는 것이 적절하다는 결론에 이른다.

유족 모임, 니이다지구 유지, 강제연행을 생각하는 모임, 조총련 지부, 민단 지부, 교직원조합 지부, 후쿠오카현퇴직교직원협의회, 고등학교교직원조합, 고타케후레아이모임, 부락해방동맹 지구 공투회의가 공익법인에 준하는 관리 조합을 설립하고, 현의 허가를 받아 공익적 입장에서 납골식 공양탑을 건립하였다. 이후 인간으로서 공양을 드리는 장, 전쟁에 대한 분노를 소통하고 두 번 다시 과오를 되풀이하지 않기 위한 학습의 장으로서 유지·관리하게 되었다.

● 후쿠오카현

마와타리기념비
馬渡記念碑

소재지	오무타시 마와타리 마와타리 제1공원 내
건립일	1997년 3월 1일
건립자	후쿠오카현 조선인강제연행진상 일·조합동조사단 오무타시(大牟田市) 미쓰이석탄광업주식회사 미이케광업소
크기	비: 세로 340cm 가로 670cm 폭 50~80cm 건립문: 세로 90cm 가로 70cm 폭 20~35cm
비문	(오른쪽에 있는 '마와타리사택(馬渡社宅)' 벽에 적혀 있던 낙서의 완전한 해석은 어려우나 다음과 같은 뜻을 담고 있는 것으로 추정된다.) "우리들은 마치 귀양살이처럼 끌려왔다. 더욱이 우리들을 이렇게 만든 힘은 패할 것이다. 생활하던 마을에서 바다를 건너 이 울타리 안에 있는 것은 조선 경기도 장연군 장도면 본촌, 고양군, ○(駰)주군 사람들이다 덕으로 사람에게 도움을 요청하지 않고 우리들의 마음을 하나로 모아 열심히 힘쓴다면 하늘은 버리지 않을 것이다." "우리는 과거 역사를 영원히 잊지 않을 것이며 후대들에게 전하여 갈 것이다."
부속비(우측)	건립문 제2차 세계대전 중 오무타의 미쓰이(三井)탄광에서는 조선에서 수천 명의 조선인이 강제연행되어 가혹한 노동에 시달렸다. 그중 약 200여 명의 조선인이 '마와타리사택'에 수용되었다(좌측 사진이 '마와타리사택'의 일부다). 1989년에 이곳을 찾은 강제연행의 역사를 배우는 그룹은 '마와타리사택'

51동 벽장 벽에 적혀 있던 망향의 심정이 담긴 그들의 낙서를 발견한다. 전쟁 중이라고 하나 조선인에게 크나큰 희생을 강요하고, 더 나아가 희생자에게 고통을 주었다는 것을 생각한다면 이러한 행위를 되풀이해서는 안 된다.

이에 이곳에 '벽의 낙서'를 복원하고 전쟁의 비극, 평화의 소중함을 후세에 전하기 위하여 이 기념비를 건립한다.

1997. 2
오무타시

해설

1989년 8월 28일, 기타큐슈시의 시민 그룹인 '강제연행의 흔적을 청년들과 찾아가는 여행'이 오무타시 신카쓰다치마치(新勝立町)의 미쓰이석탄광업주식회사 미이케(三池)광업소 옛 사택에서 제2차 세계대전 중 수용되어 있던 조선인의 망향의 심정이 담긴 '벽의 낙서'를 발견한다. 그 후 기타큐슈시에 거주하는 배동록 씨가 대표를 맡고 있던 '마와타리조선인수용소 터(건물)를 보존하는 모임'을 중심으로 미이케광업소에 '벽의 낙서'를 보존해 줄 것을 요청하였다. 이후 이 모임은 오무타시 및 미이케광업소와 각각 다섯 차례의 협상을 진행하고, 이 땅에 대형 쇼핑몰을 건설할 예정이던 기업과도 네 차례 협상을 진행하였다. 협상이 교착 상태에 빠지고 사택의 해체 작업 안건이 급속도로 진행되자, 보존하는 모임은 일·조합동조사단에 협력을 요청하였고, 그 후 조사단이 이 운동을 이어받았다.

1994년 8월 20일, 해체 직전에 몰린 마와타리사택에 대한 조사를 거쳐 오무타시 및 미이케광업소와 수차례 협상한 끝에 오무타시로부터 "1995년 7월에 건설될 석탄산업과학관의 한 모퉁이에 벽의 낙서를 복원하여 전시하는 동시에 당시 사택 모습을 축소, 복원한 모형을 전시하겠으며" 또 "새로 건설될 쇼핑몰의 한 모퉁이에 조성될 공원에 기념비 건설을 위한 구역을 마련하고 시가 기념비를 관리하겠다"라는 답변을 받았다. 또 미이케광업소로부터 "기념비 건설 비용의 일부를 부담하겠다. 기념비의 글은 합동조사단에 일임하겠다"라는 대답도 받아냈다.

구리하라 다카시(栗原孝) 오무타시 시장은 "장래 세계를 짊어질 젊은 세대에게 전쟁의 처참함을 전할 것을 약속하겠다"고 밝혔으며, 이소다(磯田慎太郎) 미쓰이석탄광업주식회사 미이케광업소 소장은 "우리 한 사람 한 사람이 과거를 솔직하게 반성하고 두 번 다시 전쟁의 불행한 역사를 되풀이하지 않기 위해 노력할 것을 맹세한다"고 말하였다.

● 후쿠오카현

무궁화당(납골당)

소재지	이즈카시 쇼시 이즈카영원(飯塚靈園) 국제교류광장
건립일	2000년 12월 2일
건립자	NPO법인 무궁화모임
크기	비: 세로 130cm 가로 160cm 폭 위 20cm 아래 30cm 대좌: 세로 20cm 가로 200cm 폭 100cm 납골당: 세로 450cm 가로 700cm 폭 700cm 사자상: 세로 170cm 사자 대좌: 가로 120cm 폭 80cm
비문	추도문

지난날의 전쟁에 있어서 일본의 식민지 정책에 의해 수많은 조선인과 외국인이 일본 각지로 강제연행되어 왔습니다. 여기 지꾸호에는 15만 명이 넘는 조선인이 탄광에 끌려와 가혹한 노동을 강요당하였으며 많은 사람들이 희생되었습니다. 지꾸호의 발전과 일본의 근대화는 조선인을 비롯한 외국인 노동자들의 피와 땀과 눈물 없이는 말할 수 없습니다.

일본의 패전으로 조선반도가 식민지로부터 해방되어 반세기 이상이 경과되었습니다만, 지금도 지꾸호의 여러 곳에는 많은 유골이 방치되어 있습니다. 이러한 「유골을 수집하여 납골당에 안치하고 추도하자」고 하는 호소에 공감한 사람들이 정재를 내고 각 자치체의 협력을 얻어서 여기에 추도당을 건립하게 된 것입니다.

21세기를 맞이함에 있어서 역사적 사실을 바로 인식하고 불행한 과오를 두 번 다시 범하지 않으리라는 결의를 담은 이 추도당과 국제교류광장은 일본과 코리아 양 민족은 물론 모든 인류가 항구적인 평화를 희구하는 발신자로서의 의의를 새롭게 하고 세대를 넘어서 지켜 나가려는 약속과 기원입니다.

2000년 12월
재일 지꾸호 코리아 강제연행 희생자
납골식 추도비 건립 실행위원회

해설   강제동원 피해자인 고(故) 배내선 씨(2008년 86세로 타계)는 1995년에 지쿠호지역의 강제연행 희생자 무연고 유골을 수습하여 납골당을 건립하는 운동을 시작하였다. 조총련, 민단 동포들과 일본인 유지들이 이 운동에 호응하면서 건립실행위원회를 설립하였다. 1998년 8월에 시는 국제교류 및 친선에 보탬이 되고 싶다며 시가 운영하는 영원의 일부를 무상으로 빌려 주겠다고 나선다. 10년에 걸친 유골 수습 그리고 시와의 협상을 거쳐 2000년 12월에 추도비와 납골당을 건립하였다. 협상 중에 일조 간 역사를 학습하고 비문의 글을 한 글자 한 글자 조정해 나가기도 하였다. 건설비 약 3,000만 엔은 거의 모금으로 충당하였다. NPO법인 무궁화모임의 기류 준이치(吉柳順一) 이사장은 "장래 사이가 틀어지지 않기 위해서는 과거의 역사를 똑똑히 인정하고 서로 할 수 있는 노력을 고민해야 한다. 그 상징이 이 무궁화당(납골당)이다. 이 비는 이곳으로 끌려오셔서 무참하게 목숨을 잃으신 희생자의 뜻을 전하고 있으며, 두 번 다시 전쟁을 해서는 안 된다는 것을 가르쳐 준다"고 말하였다.

이 비의 비문은 한국어, 일본어로 되어 있다.

조선인 희생자 추도비
역사의 진실을 가슴 깊이 새기다

사가현

● 사가현

오즈루광업소 순직자의 비
大鶴礦業所殉職者之碑

소재지	가라쓰시 히젠마치 이리노히노에 46 고묘사(光明寺)
건립일	1957년 9월
건립자	기시마(杵島)탄광주식회사
크기	비: 세로 150cm 가로 450cm 폭 450cm 대좌: 세로 160cm 가로 125cm 폭 135cm
비문	정면 오즈루광업소 순직자의 비(大鶴礦業所 殉職者之碑) 뒷면 쇼와 32년(1957) 9월 건립
부속비(좌측)	한국인상병몰자의 영위(靈位) 상부 27명의 영위(해독 불가능) 하부 영예현도신사회(榮譽現道信士會) 8월 27일 임본영(林本榮) 23세 24명의 영위(해독 불가능) 헤이세이 2년(1999) 4월 길일

히젠마치국제교류실행위원회 회장 도쿠다(德田常博)
대한민국김해시문화원 원장 유필현
소곤잔(莊嚴山) 고묘사 주지 다키가와(滝川正眞) 건지(建之)

| 해설 | 오즈루탄광은 사가현 내에서 가장 많은 조선인 노동자가 노동을 강요당한 탄광이다. 그들은 낙반이나 폭발사고 등과 같이 가장 위험한 작업에 배치되었고, 이에 그치지 않고 폭력과 감시에 더하여 임금 등의 처우 차별까지 감수하며 처참한 생활을 보낼 수밖에 없었다. 고묘사의 가와하라(川原浩心) 29대 주지에 따르면, 오즈루탄광과의 관계는 선선대인 27대 才晢 스님 시대로 거슬러 올라간다. 사망자의 장례식, 공양은 물론 일본인뿐만 아니라 조선인 노동자 가족의 마음을 위로하는 일까지 그 역할은 다방면에 걸쳐 있었다. 탄광이 문을 닫은 후 갱 속에서 숨진 사람들의 넋을 달래기 위하여 공양탑을 건립하였다. 이 비에는 무연고 일본인 및 조선인 광부와 그 가족의 유골이 안치되어 있다. 이어 제28대 正眞 화상, 그리고 현재까지 공양이 계승되고 있다. 가와하라 주지는 "강제연행이라는 아픈 역사를 있는 그대로 전할 때 비로소 진정한 상호 이해가 생긴다고 생각합니다"라고 말하였다. |

조선인 희생자 추도비
역사의 진실을 가슴 깊이 새기다

나가사키현

● 나가사키현

공양탑供養塔
(통칭 센닌즈카千人塚)

소재지	나가사키현 다카시마 긴쇼고개(金松峠)
건립일	1920년 4월
건립자	다카시마탄광
비문	정면　공양탑(供養塔)

해설　이 탑은 다카시마(高島)탄광에서 숨진 갱부 중 시신을 거둘 사람이 없는 무연고 유골의 납골당으로 미쓰비시탄광이 건립한 것이다. 1974년에 하시마(端島)탄광이 문을 닫을 당시에 하시마 센부쿠사(泉福寺)에 보관되어 있던 유골도 이곳 센닌즈카(千人塚) 지하 납골당에 매장되었다.

나가사키 재일조선인의 인권을 지키는 모임은 하시마에서 1945년까지 사망한 조선인 104명의 유골이 조국으로 봉환되지 못한 채 센닌즈카에 납골·방치되었다고 추측하였다. 그러나 한국의 강제동원조사위원회가 추적·조사한 결과 유골의 대부분이 유족이나 한국으로 봉환된 사실이 판명되었다. 최종적으로 다카시마 센닌즈카에 묻힌 유골은 10여 위로 추정된다.

이후 미쓰비시다카시마탄광은 1984년에 문을 닫았는데, 당시 센닌즈카 지하 납골당을 유골함과 함께 부숴 유골 파편 한 조각을 분골이라 부르고 작은 유골함에 넣어 긴쇼사(金松寺) 납골 선반에 영대 공양을 위하여 맡겼다. 그때 공양탑의 석비만을 남겨 지금과 같은 모습으로 만들었다.

● 나가사키현

조선인 위령탑
朝鮮人慰靈塔

소재지	마쓰우라시 시사초 우라멘
건립일	1957년 8월 15일
건립자	재일본조선인총연합회 마쓰우라지부
크기	비: 세로 300cm
비문	정면 조선인 위령탑(朝鮮人 慰靈塔)
	뒷면 재일본조선인총연합회 마쓰우라지부
해설	2005년 7월 15일 조총련 현본부의 김청길 위원장은 '조선인 위령탑'의 납골실이 오랜 세월 닫힌 채로 방치돼서는 안 된다고 판단하고, 부인 등 4명과 함께 자물쇠를 억지로 열었다. 안에서는 17위의 유골이 발견되었고 이 중 5위는 유골함이나 천에 싸여 이름이나 사망 연도가 적혀 있었다. 나가사키 재일조선인의 인권을 지키는 모임[대표 고(故) 다카자네 야스노리(高實康稔) 나가사키대 명예교수]에 따르면, 나가사키시에는 종전 직후 강제연행이나 징용, 모집으로 탄광에서 근무하던 조선인과 그 가족이 약 2,300명 있었다고 한다.

■ 납골실 안 유골함의 기록(조총련 나가사키현 본부 등 조사)
장명식 48세 쇼와 35년(1960) 4월 5일
남일랑 57세 쇼와 34년(1959) 11월 7일
이종기 경상북도 달성군 달성면 쇼와 28년(1963) 12월 25일 시사초(志佐町) 마쓰우라시 정
나가사키현 기타마쓰우라군(北松浦郡) 시사무라(志佐村) 구가(久家瀨太郞) 집에서 서거 박소군 납골 쇼와 5년(1930) 5월 1일 김기선 처

● 나가사키현

대한민국인 위령비
大韓民國人慰靈碑

소재지	이키시 아시베초 모로요시히가시후레
건립일	1967년 3월 19일
건립자	(주)야마토야전기(大和屋電機) 사카모토(坂本金敏)
비문	정면 대한민국인 위령비(大韓民國人 慰靈碑)
	뒷면 없음
부속비	1945년 10월 11일, 조국 대한민국이 독립하자 환희에 넘치는 희망을 품고 귀국선에 올라 본국으로 항해하던 중 이키 아시베항에 기항, 태풍으로 조난당하여 불행히도 바다 밑의 외로운 넋이 되신 한국인 약 160명을 위령하기 위하여, 아시베우라(芦邊浦) 구요시하마(淸石浜)에 몸과 마음을 다 바쳐 '대한민국인 위령비'를 건립하고 1967년 3월 19일에 그 제막식을 성대하게 거행하였다. 이로써 한일 양국의 우호가 증진되고 인류애 넘치는 박애정신이 후세에 전해지기를 기원한다.
	1992년 / 건립자 (주)야마토야전기(大和屋電機) 사카모토(坂本金敏)

| 해설 | 1945년 10월, 조선인을 태운 인양 범선이 아쿠네(阿久根)태풍의 접근으로 인한 악천후 탓에 이키 아시베항으로 피난하였으나 아시베항의 바위에 좌초, 난파하면서 많은 희생자가 발생하였다. 희생자는 가까운 모래밭 등에 묻혔으나 구요시하마(淸石浜)에서는 세월이 흐르면서 모래가 바람에 날아가 유골 일부가 밖으로 노출되어 있었다. 이 상황을 슬퍼한 사카모토(坂本金敏), 누노타니(布谷嘉治), 이즈(伊豆末男) 등 3명이 제안하여 구요시하마와 류진자키(龍神崎)에서 유골을 발굴하였다. 아시베초의 자료에 따르면, 발굴된 유골은 구요시하마에서 8위, 류진자키에서 6위 총 14위였다. 유골 발굴 후 세 사람이 발기인이 되어 구요시하마의 매장지와 인접한 지금의 장소에 비를 세우고 그 아래에 유골함을 안치하였다. 건립비는 사카모토 사장이 부담하였다. 위령비 건립 후에 사카모토 사장 가족이 정기적으로 공양하고 5년에 한 번 꼴로 위령제를 열었으며, 1995년 50주기를 마지막으로 탈상하였다. 또 아시베초의 덴토쿠사(天德寺)에는 희생자의 위패 '대한민국 조난자 정령 등(大韓民國 遭難者 精靈 等)'이 안치되어 있다. |

● 나가사키현

난고시묘 해난자 무연불지비

南越名海難者無緣佛之碑

소재지	나가사키시 노모자키초 난고시 게이노도마리
건립일	1976년
건립자	요시다(吉田義輝)
크기	비: 세로 120cm 가로 20cm 대좌: 세로 140cm 가로 140cm
비문	정면 난고시묘 해난자 무연불지비(南越名 海難者 無緣佛之碑) 뒷면 쇼와 51년(1976) 요시다(吉田義輝) 건립
해설	전쟁 중에 하시마탄광으로 끌려온 조선인 노동자들은 가혹한 노동을 견디다 못해 심야에 바다로 뛰어들어 건너편의 노모(野母)반도를 향해 헤엄치다가 도중에 힘이 빠져 익사하였다. 구 다카하마무라(高浜村, 1955년 노모자키초와 합병) 직원의 증언에 따르면, 당시의 다카하마무라가 해안에 표류해 온 5~6구의 시신을 '행려병인'으로 분류하여 나무 푯대를 세우고 땅속에 묻었다고 한다. 지금의 석비는 샛길을 만들기 위하여 처음 푯대가 서 있던 위치에서 서쪽으로 조금 옮겨 세운 것이다. 1985년에 나가사키 재일조선인의 인권을 지키는 모임이 재차 노모자키초와 시신 발굴, 매장, 추도를 논의하고 같은 해 6월에 4구의 백골 시신을 발굴하였다(나가사키 재일조선인의 인권을 지키는 모임의 『원폭과 조선인(原爆と朝鮮人)』, 『군함도에 귀를 기울이면』 참조). 그 후 다시 화장하여 각각 유골함에 넣어 매장하고 석비를 세웠다. 모든 비용은 당시의 노모자키초가 부담하였다.

● 나가사키현

추도 追悼
나가사키 원폭 조선인 희생자

長崎原爆朝鮮人犧牲者

소재지	나가사키시 히라노마치 2400번2 평화공원
건립일	1979년 8월 9일
건립자	나가사키원폭조선인희생자추도비건설위원회
크기	비: 세로 75cm 가로 65cm 폭 30cm 대좌: 세로 30cm 가로 73cm 폭 50cm
비문	정면　추도(追悼) 　　　나가사키 원폭 조선인 희생자(長崎 原爆 朝鮮人 犧牲者) 　　　1945. 8. 9 뒷면　강제연행 및 징용으로 끌려와 중노동에 종사 중 　　　피폭사한 조선인과 그 가족을 위하여 　　　1979. 8. 9
설명판	나가사키 원폭 조선인 희생자 추도비 1910년(메이지 43) 8월 22일, 일본 정부가 '한일병합조약'을 공포하고 조선을 일본의 식민지 지배하에 두면서 자유도 인권도 나아가 귀중한 땅까지도 빼앗겨 생계 수단을 잃은 조선인들이 일본으로 유입되었다. 그 후 일본에 강제연행되어 강제노동에 혹사당한 조선인은 1945년(쇼와 20) 8월 15일 일본 패전 당시에 무려 236만 5,263명이었으며, 나가사

키현 전체에 거주하던 조선인은 약 7만 명으로 다수에 달하였다(내무성 경보국 발표). 그리고 나가사키 주변에는 약 3만 수천 명이 거주하면서, 미쓰비시 계열의 조선소, 제강소, 전기, 병기공장 등의 사업소나 주변 지구의 도로, 방공호, 매립 등의 작업에 동원되었고, 1945년(쇼와 20) 8월 9일에 미군의 원폭 공격으로 약 2만 명이 피폭하고 약 1만 명이 폭사하였다.

우리들 이름 없는 일본인이 십시일반 모금하여 이국의 땅 나가사키에서 처참하게 생을 마감한 1만여 명의 조선인을 위하여 이 추도비를 건설하였다. 과거 일본이 조선을 무력으로 위협하여 식민화하고 그 민족을 강제연행하여 학대·혹사하고 강제노동 끝에 결국 비참한 원폭사에 이르게 한 전쟁 책임을 그들에게 사죄하는 동시에 핵무기의 근절과 한반도의 평화적 통일을 진심으로 바라마지 않는 바이다.

1979년 8월 9일
나가사키 재일조선인의 인권을 지키는 모임

해설 설명판의 내용과 같다.

● 나가사키현

외국인 전쟁 희생자 추도(비)

外國人戰爭犧牲者追悼(碑)

소재지	나가사키시 마쓰야마마치 2400-3(나가사키원폭투하중심지공원 내)
건립일	1981년 12월 8일
건립자	외국인전쟁희생자추도비건립위원회 대표 다지마 지다유(田島治太夫)
크기	비: 세로 300cm 가로 180cm 폭 10cm
	대좌: 세로 70cm 가로 100cm 폭 200cm
비문	외국인 전쟁 희생자 추도(外國人 戰爭 犧牲者 追悼)
	핵폐절인류부전(核廢絶人類不戰)
	정면 핵폐절인류부전 건립비 유래

1931년 9월 18일의 류탸오후(柳條湖) 사건이 발단이 된 중일전쟁, 1941년 12월 8일의 진주만공격으로 시작된 태평양전쟁 등, 이 15년간에 걸친 전쟁으로 인하여 310만 명의 일본인, 수천만 명의 아시아와 세계 민중이 소중한 생명을 빼앗겼다.

이 전쟁 말기에 나가사키에서는 수차례에 걸친 미군의 공습, 잠수함 공격 그리고 9월 9일의 원폭 투하로 7만여의 일본인, 수천의 조선인, 중국인, 화교, 유학생, 연합군 포로(영국, 미국, 호주, 네덜란드, 인도네시아 등)가 희생되었다.

특히 우라카미형무소에 인접한 언덕에서는 32명의 중국인, 13명의 조선인이 일본인 수형자와 함께 폭사하였고, 또 고야기(香焼)와 사이와이마치(幸町)의 포로수용소에서는 피폭 전에 질병과 사고 등으로 수백 명의 연합군 병사가 숨을 거두었다.

우리들은 나가사키에서 숨진 이들 모든 외국인 희생자, 멀리 아우슈비츠강제수용소에서 의로이 목숨을 바친 막시밀리아노 마리아 콜베(Maksymilian Maria Kolbe) 신부를 추모하며, 다시는 이러한 비극을 되풀이하지 않기 위하여 핵무기 폐절(廢絶)과 인류 부전의 맹세를 담아 대내외로부터 널리 기금을 모집하여 이곳에 이 비를 건립한다.

1981년 12월 8일
태평양전쟁 개전 40주년의 날에
외국인전쟁희생자추도비건립위원회

해설 1968년 3월에 원폭폭사조선인순난기념납골당건립위원회가 발족한다. 이듬해에 창간된 『나가사키의 증언』에는 오카 마사하루(岡正治)의 '피폭 조선인에 대한 무책임을 고발한다'와 이기상 씨의 '우리 조선인 동포의 수난과 분노'를 게재하였고, 이후 매호 조선인 피폭자 문제를 다루었다. 또 전 영국군 병사인 토마스 에반스 씨의 피폭 증언과 '슬픔 분노는 국경을 넘어 – 나가사키포로수용소의 피폭 증언'(다지마 지다유)을 발표하였다. 나라 안팎에서 관심이 고조되는 가운데, 1976년 8월 15일 '외국인원폭희생자추도비건립위원회'를 조직하여, '외국인 원폭 희생자의 실태 조사와 추도비 건립에 대한 호소'를 발표한다. 1979년 7월에는 나가사키원폭조선인희생자추도비건립위원회를 개최하여, 8월 9일 평화공원 안에 추도비를 건립하고 제막식을 거행하였다. 1980년 3월에는 외국인 전쟁 희생자 추도비 건립을 기획하여 그 후 '연합군포로위령비건립청원서'를 미쓰비시중공 나가사키조선소에 제출하였으나, 미쓰비시 측은 이를 거부하였다. 같은 해 7월에 '외국인 전쟁 희생자 추도비 건립 호소'를 발표하였고, 8월에 외국인 피폭자 대표 4명(북한, 한국, 네덜란드, 호주)이 평화기념식에 참석하여 나가사키 시민, 피폭자와 교류하였다. 추도비 건립의 기운이 고조되면서 310만 엔의 모금액을 달성하여 1981년 12월 8일에 '핵폐절인류부전의 비' 제막에 이른다. 매년 12월 8일, '부전 집회'를 이 비 앞에서 개최하고 있다.

조선인 희생자 추도비
역사의 진실을 가슴 깊이 새기다

구마모토현

● 구마모토현

철도공사 중 순난병몰자 추도기념비

鐵道工事中殉難病歿者 追悼紀念碑

소재지	히토요시시 오코바(오코바역 앞)
건립일	1908년 10월
건립자	하자마구미(間組)
크기	비: 세로 130cm 가로 40~122cm 폭 40~122cm 대좌: 세로 123cm 가로 190~210cm 폭 190~210cm
비문	정면　철도공사 중 순난병몰자 추도기념비(鐵道工事 中 殉難病歿者 追悼紀念碑) (대좌 정면: 하자마구미) 우측면　메이지 41년(1908) 10월 건지(建之) 좌측면　찬조원　하자마구미 엔도(遠藤兵作) 　　　　　　　　니시마쓰 고지로(西松光治郎) 　　　　　기부자　니시마쓰 ○타로　　히라바야시(平林松造) 　　　　　　　　지카쓰네(近常左衛門) 고바야시(小林林造)

	구로타니(黑谷善太郎) 오키(王木恒造)
뒷면	○길남　메이지 41년 3월 19일
	한국 경기도 남양군 ○○○
	33세
	(13명의 희생자 이름이 사망 연월일, 출신지, 연령과 함께 기재되어 있다. 그중 1명의 조선인 이름을 볼 수 있다.)
대좌 우측면	발기인　구루마타니(車谷善太郎)　오키(王木恒造)
	도움인　니시마쓰(西松治郎)　　　○○○○

해설　구(舊) 가고시마 본선의 히토요시(人吉)–요시마쓰(吉松) 간은 험하고 가파른 곳으로 경사가 급했다. 하자마구미가 이 구간을 건설하여 1909년 11월 21일에 완성하였다. 2년여에 걸친 난공사의 과정에서 13명이 소중한 목숨을 잃었다. 그 속에 조선인 희생자도 있었다는 사실이 비에 새겨져 있다.

● 구마모토현

불이지탑
不二之塔

소재지	아라오시 가바 쇼다이산(小岱山) 2773-136
건립일	1972년 10월
건립자	쇼보사(正法寺) 아카보시 젠코(赤星善弘)
크기	비: 세로 250cm 가로 128cm 대좌: 세로 180cm 가로 174cm
비문	정면　不二之塔 　　　불이지탑

불이지탑 건립 비문

제2차 세계대전으로 중국인 순난자와 마찬가지로 강제노동을 강요당한 조선인 노동자는 가혹한 노동과 차별 대우를 받으면서 갖은 고생 끝에 망향의 심정을 끊기 어려워 이국의 땅에서 소중한 생명을 희생하셨다. 많은 순난자에 대하여 심심한 애도의 뜻을 표하는 동시에 이러한 불상사가 두 번 다시 없기를 서원(誓願)하며, 영대 공양을 드리기 위하여 불이지탑 건립을 발원한다. 불이(不二)란 본래 하나임을 뜻하는 불교 용어이다. 전후 불행하게 둘로 나뉘어 현재에 이르고 있음에도 여전히 교류가 없는 남북한민의 비극은 실로 우려할 만한 일이다.

하지만 하나가 되기 위한 노력은 쌍방에 있으며 가까운 장래에 평화적 교섭에 의하여 반드시 통일이 되리라는 것을 믿어 의심치 않는다. 바라건대 순난 존령에 대하여 남북한민이 하나가 되어 조국 재건·번성에 노력하여 주기를 기원하는 바이다.

쇼와 47년(1972) 10월 29일 아카보시 젠코(赤星善弘)

해설 아카보시 젠코(赤星善弘) 주지는 유지와 함께 3년여에 걸쳐 구마모토현 내외에서 계몽과 탁발로 모은 기금으로 1972년 4월에 '중국인 순난자 위령지비'를 건립한다. 그리고 같은 해 10월에는 조선인 순난자를 위하여 '불이지탑'을 건립하였다. 매년 4월 12일에 합동위령제를 열어 순난자의 공양과 항구 평화를 기원하고 있다.

● 구마모토현

조혼비
弔魂碑

소재지	야쓰시로시 히나구시모니시마치
건립일	1923년 11월
건립자	니시마쓰구미장 니시마쓰(西松光次郎)
크기	비: 세로 285cm 가로 62cm 폭 47cm
	대좌: 세로 286cm 가로 225cm 폭 223cm
비문	정면　조혼비(弔魂碑) / 백작 오키(大木遠○) 서(書)
	뒷면　(희생자 29명 중 1명의 조선인 이름이 새겨져 있다.)
	전라남도 이기삼
해설	조혼비(弔魂碑)는 철도 순난자의 위령비이다. 1923년 6월 30일, 호우로 인하여 터널이 크게 붕괴되면서 많은 사람들이 산 채로 묻히고 만다. 당시 신문은 "일대 굉음을 내면서 붕괴" "갱 안에서 희미하게 비명이 들린다"(《규슈니치니치신문》 1923년 7월 2일)라고 참상을 보도하였다. 구조 활동에도 불구하고 많은 희생자가 나왔으며 조선인 한 명도 희생되었다.

조선인 희생자 추도비
역사의 진실을 가슴 깊이 새기다

오이타현

● 오이타현

구 다이오킨잔 순직자 위령지비

舊 鯛生鑛山 殉職者慰靈之碑

소재지	히타시 나카쓰에무라 고세 3750
건립일	1991년 3월
건립자	나카쓰에무라(中津江村, 현 히타시 나카쓰에무라)
크기	비: 세로 45cm 가로 66cm 폭 15cm 대좌: 세로 16cm 가로 77cm 폭 45cm
비문	정면 구 다이오킨잔 순직자 위령지비(舊 鯛生鑛山 殉職者 慰靈之碑) 뒷면 다이오키지구의 묘지에 잠든 구 다이오킨잔 순직자의 무연고 유골 15위를 긴잔(鑛山)관광시설 부지 내에 매장한다 헤이세이 3년(1991) 3월 길일 건립 나카쓰에무라 측면 (무연고 유골 15위에 조선인 순직자로 추정되는 9위가 포함되어 있다.)
해설	구 다이오킨잔 순직자의 비는 갱도 연장 110㎞ 깊이 540m의 극히 위험한 노동 환경 속에서 희생된 총 226명의 순직자를 위령하기 위한 것으로, 조각가 기타무라 세이보(北村西望)*의 탄갱부상(像) 릴리프[쇼와 14년(1939) 작품]와 함께 입구 부근에 건립되었다. 1940년 6월, 다이오킨잔에 약 60명과 함께 징용된 신달이(申達伊, 경상북도 출신) 씨는

* 일본어 원문에는 '西村公望'라 적혀 있는데 검색 결과 '기타무라 세이보(北村西望)'로 수정하였다. (옮긴이)

"당시 300명 이상의 조선인이 있다고 들었다. 갱 안으로 낙반과 낙석을 막는 갱목을 나르는 일이 주어졌다. 갱목은 갓 베어 낸 소나무로 30여 킬로그램에서 40여 킬로그램이나 나갔다. 말을 모르고 일하는 법도 잘 몰랐다. 갱목이 무거워서 간신히 날랐다. 그랬더니 감독이 와서 때렸다. 아마도 일이 굼뜨다고 화를 냈던 거 같다. 내가 있는 동안에만 분명 사고나 병으로 10여 명이 죽었다고 들었다. 마을 산속 묘지에 묻었다고 들었다"라고 증언하였다.(오이타현 조선인강제연행 일조조사단)

희생자 중에 이름이 판명된 이는 일본인 91명, 무연고 15위, 기타 120명이다. 기타 및 무연고자 총 135명은 일본인인지 조선인인지 확실하지 않다.

조선인 희생자 추도비
역사의 진실을 가슴 깊이 새기다

가고시마현

● 가고시마현

외국인 납골당
外國人納骨堂

소재지	가노야시 교에이초 미도리야마
건립일	1962년 4월 1일
건립자	가노야시(鹿屋市)
크기	비: 세로 133cm 가로 202cm/273cm 폭 21cm 　　(좌측 명판: 세로 67cm 가로 106cm 폭 8cm) 대좌: (위) 세로 22cm/11cm 가로 120cm 폭 71cm 　　　(아래) 세로 15cm 가로 158cm 폭 110cm
비문	정면　외국인 납골당(外國人 納骨堂) 뒷면　쇼와 37년(1962) 　　　4월 1일 건립 가노야시
해설	태평양전쟁 당시, 가고시마현 이즈미시(出水市), 가노야시, 반세(万世, 가세다시(加世田市)] 등의 비행장 건설 현장으로 끌려온 조선인은 위험하고 가혹한 노동을 강요당하여 다수가 사망했다고 알려져 있다. 하지만 이러한 실태는 여전히 밝혀지지 않고 있다. 가노야시가 건립한 외국인 납골당은 가고시마현 내 유일한 조선인 희생자의 묘이다. 납골당에는 대부분 가노야 비행장 건설을 위해 강제연행되었다가 희생된 사람까지 포함하여 20위의 조선인 유골이 안치되어 있다. 본명이 판명된 유골은 김순렬 1위, 일본식 이름 이와모토(岩本達雄) 외 4위이며, 나머지 15위의 이름은 알 수 없다. 가노야시는 매년 오봉에 향을 올려 공양하고 있다. 조총련 현본부에서는 2017년부터 매년 건립일인 4월 1일에 맞춰 현 동포들의 추도식을 열고 있다.

조선인 희생자 추도비
역사의 진실을 가슴 깊이 새기다

오키나와현

● 오키나와현

백옥지탑
白玉之塔

소재지	도카시키무라 아자도카시키 이싯피하라(イシッピ原)
건립일	1951년 3월 28일 건립(1962년 4월 이전 개수)
건립자	도카시키무라(渡嘉敷村) 유족회
비문	정면 백옥지탑(白玉之塔)
부속비	〈일본어, 영어, 중국어, 한국어〉

〈한국어 번역문〉 백옥지탑의 시
잊지 말자. 생각하는 마음. 백옥지탑에 담아 영원히 남기리라.

　　　　　　　　　　　　　　　　　　　　나카이 세이사이

해설   1944년, 미군의 격렬한 폭격이 시작되고 미군이 상륙한 3월 27~28일에 걸쳐 도카시키섬에서는 도민 330명이 '집단자결'하는 비극이 발생하였다. '백옥지탑'이 서 있는 부지 안에 있는 「전몰자 위령비(탑) 백옥지탑 관계 자료」에 따르면, 탑은 처음 1951년 3월 28일에 '집단자결'이 있은 장소(가시하라)에 건립되었으나, 미군의 통신 기지 건설에 따라 1962년 4월 19일에 지금의 장소로 이전 개수되었다. '백옥지탑'에는 본토 군인 81명, 군인·군속 91명, 방위대 42명, 주민 383명 그리고 '위안부' 1명이 모셔져 있다.

이 관계 자료는 조선인 희생자 수에 대해서도 기록하고 있다. 즉 마을 주민인 지넨(知念朝睦) 씨의 증언을 기록한 내용에 따르면, 처형된 3명과 아사한 7명 총 10명의 조선인과 위 '위안부' 1명, 합계 11명의 조선인 희생자가 이 '백옥지탑'에 안치되어 있는 셈이 된다. 도카시키섬에는 일본군이 설치한 위안소가 2곳 있었으며 7명의 조선인 '위안부'가 있었는데 '백옥지탑'에 안치된 이 '위안부'는 이 중 한 명으로 '하루에'라 불리던 조선인 여성이었다. 하루에 씨는 미군기의 기관총 발사로 사망하였는데, 집을 군대의 대기 장소로 몰수당하면서 '위안부'의 신상 이야기를 듣곤 하던 주민 신자토(新里吉枝) 씨가 이 '백옥지탑'에 그녀를 안치했다고 한다.

● 오키나와현

청구지탑
靑丘之塔

소재지	기노완시 가카즈 가카즈다이(嘉數台) 공원 내
건립일	1971년 3월
건립자	일본민주동지회
비문	정면 한민족출신오키나와전전몰자위령 청구지탑 니시다(西田玉堂) 경서(敬書)
	뒷면 일본민주동지회 본부 중앙집행위원회 마쓰모토 아키시게(松本明重)

정면 하단 대좌

명(銘)

아아 이곳 오키나와의 땅 태평양전쟁 말기 과거 일본군이었던 한민족 출신의 군인군속 386위가 산하를 피로 물들이며 애통하게도 산화하여 외로이 잠들어 있습니다. 이에 일본민주동지회는 38도선 판문점의 자갈 38개를 사경(寫經)과 함께 비의 주춧돌에 넣어 이데올로기와 국경과 민족을 초월하여 인도주의에 따라 슬픈 역사를 품은 이 영혼들을 위령·현창하고자 합니다. 이에 가장 치열한 전투를 전개한 전적 가카즈의 고지대에 뜻을 같이 하는 제현(諸賢), 그리고 관계 기관과 이 지역 가카즈 지구의 협력을 얻어 한민족 출신 오키나와전 전몰자 위령비 '청구지탑'을 건립하여 영구히 빛나는 공적을 칭송합니다

쇼와 46년(1971) 3월 길일 마쓰모토 아키시게 지(識)

해설

'청구지탑(靑丘之塔)'은 비명(碑銘) 우측에 '한민족 출신 오키나와전 전사자 위령'이라고 새겨져 있는 것에서도 알 수 있듯이 오키나와전에서 수비사령부가 있던 슈리(首里)를 둘러싸고 미국과 일본이 치열한 전투를 벌인 가카즈의 고지대에서 희생된 조선인 전사자 386명을 위령하기 위하여 건립되었다. 1971년 1월에 마쓰모토 아키시게가 교토에서 결성하여 중앙집행위원장을 역임한 일본민주동지회가 주축이 되어 세계구세주, 이세신궁, 가시하라신궁(橿原神宮), 지온원(知恩院), 미테라센뉴사(御寺泉涌寺), 후시미이나리대사(伏見稲荷大社), 다도 이에모토(家元) 오모테센케(表千家)·센소시쓰(千宗室), 화도(花道) 이에모토·이케노보 센에이(池坊專永), 오키나와전몰자위령사업봉찬회, 기노완시 가카즈지구, 산와은행(三和銀行), 일본선박진흥회 등의 협찬을 받아 건립하였다. 비문에서도 알 수 있듯이 판문점에서 가지고 온 38개의 자갈돌이 사경과 함께 비의 주춧돌에 묻혀 있다고 한다. '청구지탑'이 있는 가카즈의 고지대에는 마찬가지로 가카즈전투에서 전사한 제62사단독립보병 제13대대 소속 교토부 출신의 장병 2,536명이 안치된 '교토의 탑'이 1964년에 건립되었는데, 7년 후에 세워진 '청구지탑'에 모셔진 386명의 조선인도 같은 제62사단에 소속되어 있었던 것으로 추측된다.

● 오키나와현

통한지비
痛恨之碑

소재지	구메지마 구시카와촌 니시메이오타쓰지
건립일	1974년 8월 20일
건립자	오키나와 재(在)·재일조선인 구메지마도민학살통한지비건립실행위원회
비문	천황의 군대에 학살된 구메지마 도민(天皇の軍隊に虐殺された久米島住民) 구메지마 재조선인 통한지비(久米島在朝鮮 痛恨之碑) [비에 학살당한 구중회(具仲會, 다니가와 노보루(谷川昇)] 씨를 비롯한 7가족 20명의 이름이 새겨져 있다. 아사토(安里正二郎), 미야기(宮城榮明)와 아내 및 처남, 히가(比嘉龜)와 그 아내 쓰루, 장남 조잔(定山), 고바시가와(小橋川共晃), 이토카즈(糸數盛保), 나칸다가리 메이유(仲村渠明勇)와 아내 시게, 장남 아키히로, 다니가와 노보루와 아내 우타, 장남 가즈오(一男) 10세, 장녀 아야코(綾子) 8세, 차남 쓰기오(次夫) 6세, 차녀 야에코(八重子) 3세, 생후 1년으로 호적에 오르지 않은 영아.)]
해설	오키나와전에서는 오키나와 수비군의 주민학살사건이 각지에서 발생하였는데, 그중 가장 상징적이면서 잔혹한 주민학살사건이 1945년 6월부터 8월에 걸쳐 구메지마(久米島)에서 일어

난 '구메지마사건'이었다. 구메지마에 거주하던 조선인 구중회(일본명 다니가와 노보루) 씨도 희생자 중 한 명이었다. 1945년 8월 20일, 일본해군 통신대 지휘관인 시카야마(鹿山) 병조장(兵曹長)의 명령 아래 쓰네(常恒定) 전신장(電信長)이 구중회 씨와 어린 젖먹이를 포함한 가족 7명을 학살하였다. 간첩 용의라는 이유에서였다. 많은 논자들이 지적하고 있듯이 이 '다니가와 일가족 학살'에는 간첩 용의 외에 '조선인 멸시와 차별'이라는 문제가 뿌리 깊게 얽혀 있었다. 1974년 8월, 비석에 검은 화강암이 들어가고, 구중회 씨의 고향인 부산에서 보내온 옥석이 깔린 2.5미터 높이의 '통한지석'이 세워졌다. 『내 고향은 오키나와(わんがうまりあ沖縄)』와 『숨겨진 오키나와전(隠された沖縄戰)』으로 유명한 도미무라 준이치(富村 順一) 씨, 르포작가인 아카미네(赤嶺秀光) 씨 등 오키나와 출신인들이 주축이 된 '오키나와 재(在)조선인, 구메지마 도민학살통한지비건설실행위원회'가 비를 세웠다. 도미무라 준이치 씨는 『숨겨진 오키나와전(隠された沖縄戰)』에 어린 시절에 구중회 씨와 아는 사이로 구중회 씨가 오키나와 본섬의 모토부 도구치를 중심으로 고철 매입을 하던 시절을 선명히 기억한다고 쓰고 있다. 도미무라 씨는 그러한 경위로 다니가와 씨가 학살된 사건이 마치 자신의 문제처럼 다가왔고 이 사건의 책임이 어디에 있는가를 끝까지 철저하게 추궁해야 한다고 생각하게 되었다고 한다. 도미무라 씨를 비롯한 건립위원회 회원들은 "이는 결코 '위령비'가 아니다. 도리어 숨진 사람들의 한을 새긴 것이다"라고 생각하고 '통한지비'라 이름 붙였다. 이는 "시카야마사건을 우리들 오키나와인은 모두에게 전해야 한다. 구메지마의 살육을 과거로 치부하고 망각하는 게 아니라 앞으로의 투쟁으로 이어가자. 목숨을 잃은 사람들의 넋을 걸고"라는 강한 의욕의 발로이기도 했다. '통한지석' 건립 후, 도미무라 씨는 1976년에 '구메지마소송을 지원하는 모임'을 결성하고 유족에 대한 정당한 국가배상과 성의 있는 사죄를 요구하는 소송을 제기하고자 꾸준히 활동해 왔다. 지금도 구메지마에서는 매년 위령의 날을 전후로 위령제를 열고 있는데, 평화 가이드이면서 해설사인 사쿠타(佐久田勇) 씨가 통한지석과 관련한 현장학습을 실시하는 등 이 사건을 널리 알리고 있다.

● 오키나와현

한국인 위령탑
韓國人 慰靈塔

소재지	이토만시 시마부니
건립일	1975년 8월
건립자	한국인위령탑건립위원회
비문	한국인 위령탑(韓國人 慰靈塔)

1941년 태평양전쟁이 발발하자마자 수많은 한국 청년들이 일본의 강제 징모로 대륙과 남양의 각 전선에 배치되었다. 이 오키나와의 땅에도 징병, 징용으로 동원된 1만여 명이 갖은 간난 끝에 또는 학살 등에 의하여 애석하게도 희생되었다. 조국으로 돌아가지 못한 이들의 원혼은 높은 파도가 치는 이 땅의 허공을 떠돌면서 비가 되어 내리고 바람이 되어 불고 있을 터이다. 이 고독한 영혼을 위로하고자 우리는 전 한민족의 이름으로 이 탑을 세워 삼가 영령의 명복을 빈다.

바라옵건대 부디 편안히 잠들기를

해설

이토만시 시마부니에 있는 '한국인 위령탑'은 한국의 각 도에서 모은 돌로 쌓아올린 석총 모양의 탑으로 석총 앞 광장에 고국의 방향을 가리키는 화살표가 박혀 있다.

중앙에 큰 석비가 있는데 그곳에는 박정희 전 대통령의 자필로 '한국인 위령탑', '대한민국 대통령 박정희'라고 새겨져 있다. 또 원형 광장 입구에 3개의 큰 석판이 놓여 있으며, 그곳에 한국어, 영어, 일본어로 각 비문이 새겨져 있다.

'한국인 위령탑'은 1971년 11월에 지방본부로 조직된 대한민국거류민단 오키나와현 본부가 주축이 되고 한국 정부가 3천만 엔을 보조하여 건립되었다. 한국 정부가 '한국인 위령탑'을 건립한 배경에는 미군기지가 집중된 오키나와에서 재일본조선인총연합회의 영향력이 확대되는 것을 우려하였기 때문으로, '북한의 오키나와 침투 저지'를 주요 목적으로 대북 전략의 일환으로 위령 사업을 실시한 셈이다.

● 오키나와현

평화디딤돌
平和の礎

소재지	이토만시 시마부니
건립일	1995년 6월
건립자	오키나와현
비문	정면 평화디딤돌(平和の礎) 오키나와전에서 돌아가신 모든 사람들의 이름을 새긴 기념비 (오키나와현 출신과 만주사변으로 시작된 15년 전쟁 동안의 전몰자가 대상임) 뒷면 '평화디딤돌' 건설 취지 우리들 오키나와현민은 지난 오키나와전 등에서 소중한 생명을 잃은 모든 사람들에게 애도의 뜻을 표하고, 처참한 전쟁의 교훈을 후세에 올바르게 계승하는 동시에, 오키나와의 역사와 풍토 속에서 자라난 '평화의 마음'을 널리 대내외에 전하여 세계의 항구 평화를 기원하고 태평양전쟁·오키나와전 종결 50주년을 기념하고자 이곳에 '평화디딤돌'을 건립한다. 　　　　　　　　　　　　　　　　　　1995년 6월 오키나와현 (영어·한국어·중국어 글도 있으며, 부속비에 희생자 이름이 새겨져 있다.)

해설

'평화디딤돌'은 국적이나 군인, 비군인의 구별 없이 오키나와전에서 목숨을 잃은 24만여 명의 이름을 새긴 비이다. 항구 평화를 창출한다는 이념 아래 단순한 '위령탑'이 아닌 '비전(非戰)을 맹세하는 비'로서 태평양전쟁·오키나와전 종결 50주년에 해당하는 1995년 6월에 오키나와현[현 지사 오타 마사히데(大田昌秀)]이 건립하였다. 이름이 새겨진 사람 중에는 적과 아군으로 나뉘어 싸운 오키나와현 출신자도 포함된 일본 측과 영미 측 전몰자뿐만 아니라, 한반도에서 강제연행되어 오키나와에서 희생된 사람들, 타이완 출신 전몰자가 포함되어 있다. '평화디딤돌'은 전몰자의 이름이 새겨진 흑요석이 국가별로 수 겹의 파상형으로 늘어서 있는데, 한반도 출신 희생자는 '대한민국'과 '조선민주주의인민공화국'으로 구분되어 새겨져 있다. 한반도 출신 희생자의 각명(刻銘)은 1996~2003년까지 예산이 책정되어 한국 명지대학교 홍종필 교수에게 위탁한 것이다. 홍 교수의 열정적인 활동으로 2004년까지 423명의 이름을 새겨 넣었으며, 예산이 끊긴 2004년부터는 독자적인 조사 활동을 통해 2008년 23명, 2010년 1명의 이름을 새길 수 있었다. 2010년 시점에 각명된 수는 한반도 출신자를 합하여 447명이었다. 각명 작업은 2010년부터 중단되었으나, 오키나와전에서 많은 조선인이 소속되어 있던 32군 직할 특설수상근무 제104대의 권운선, 박희태 씨 유족이 각명을 희망하는 것을 안 'NPO법인 오키나와 한의 비 모임'[대표 아사토 에이코(安里英子)]이 현과 현의회 앞으로 진정서를 제출하는 등 지원하였다. 현은 "오키나와전에서 돌아가신 것을 증명하는 공식 서류를 첨부하지 않으면 신고표를 수리할 수 없다"는 입장을 고수하였으나, '한의 비 모임'의 진정과 서명 활동 등 적극적인 지원 활동으로 2017년 3월 중순에 개최된 각명심사회에서 추가가 인정되었다. 또 이 밖에 한국정부 산하의 공익재단 '일제강제동원피해자지원재단'(서울)이 지원한 13명의 추가 각명이 인정되면서 이 13명을 포함한 현재 조선인 희생자의 각명자 수는 남북을 합쳐 462명에 이른다.

● 오키나와현

아리랑 위령의 모뉴먼트

소재지	도카시키무라 도카시키 사토하라
건립일	1997년 11월 9일
건립자	모뉴먼트를 만드는 모임[대표 다치바나다 하마코(橘田浜子)]
비문	아리랑 위령의 모뉴먼트

제2차 세계대전 말기, 일본 본토 방위를 위하여 버림받은 오키나와의 전장에서 한반도 등에서 1천여 명의 여성들이 일본군의 성노예로, 또 1만여 명의 남성들이 군역의 노예로 끌려왔습니다. 해상특공정의 비밀 기지였던 게라마(慶良間) 섬들에는 1천여 명의 '군부(軍夫)'가 고된 일에, 21명의 여성이 '위안소'에 묶여 있었습니다. 1945년 3월 26일, 미국이 상륙하기 전날 밤, 주민들은 일본군에게 원통한 죽음을 강요당하였습니다. 한편 '위안부'들 4명은 생죽음을 당하였고, 일본군의 박해와 학살로 수백 명에 달하는 '군부'들이 희생되었습니다. '장병에게 성을 판 여자'로 반세기 이상이나 역사에서 말살된 20여만 명의 여성들. 그 존재를 조명한 기록 영화 『아리랑 노래 – 오키나와로부터의 증언』(1991년 감독 박수남)의 제작 활동에 참여한 다치바나다 하마코(橘田浜子)는, 전후 고향으로 돌아가는 길을 잃고 오키나와에 남겨진 도카시키의 전 '위안부' 배봉기(裵奉奇) 씨가 사후 50일째(1991년 10월 19일)에 발견된 사실에 충격을 받고 비참한

희생을 강요당한 여성들을 애도하고 가슴에 새기는 모뉴먼트의 건립을 호소합니다. 아카지마(阿嘉島)의 가키하나(垣花武榮) 씨를 비롯하여 전국에서 기부금이 모금되었습니다. 도카시키무라 주민분들은 전후 처음으로 한국에서 위령단을 초대하여 이곳에서 개최한 합동위령제(1990년 10월 27일)를 시작으로 건립지의 제공 등 물심양면으로 지원하여 주셨습니다. 생명을 상징하는 옥석은 한국의 조각가 정내진 씨가 기증한 작품입니다. 모뉴먼트 제작에는 이즈인 마리코(伊集院眞理子), 혼다(本田明) 등 오키나와현 내외에서 많은 사람들이 참가하여 도카시키에 가마를 만들어 공동작업으로 완성하였습니다. 모뉴먼트가 완성되기까지의 시간은 일본의 국가 책임을 묻고 자신의 존엄성 회복을 요구하며 일어선 아시아 피해자들의 투쟁과 손을 잡고, 우리들이 역사에 대한 책임을 스스로에게 부과한 나날들이기도 했습니다. 이 모뉴먼트가 두 번 다시 침략전쟁을 되풀이 하지 않기 위한 진실을 계승하고 생명의 찬가를 부르는 광장이 되기를 기원하면서. 아름다우면 아름다울수록 슬프네. 전진하는 섬 끝없는 한(恨) 하마코

1997년 10월 14일 아리랑 위령의 모뉴먼트를 만드는 모임

해설 오키나와 시정권 반환 후인 1975년 10월에 강제송환을 피하기 위하여 스스로 일본군'위안부' 희생자였다고 입국관리소에 신고하면서 세상에 알려진 배봉기 씨(당시 30세, 아키코)를 비롯하여 기쿠마루(28세), 가즈코(23세), 하루에(23세), 스즈란(20세), 아이코(16세), 밋짱(16세) 등의 일본 이름으로 불린 7명의 조선인 여성들은 일본군이 도카시키섬에 주둔한 지 고작 2개월 만에 설치한 위안소로 끌려온 전시 성폭력 희생자였다. 비문에서도 알 수 있듯이, 이 일본군 '위안부' 희생자를 추모하는 모뉴먼트의 건립은 1991년 10월에 사망한 일본군 '위안부' 희생자 배봉기 씨의 서거를 계기로 일본군 '위안부' 희생자와 군부를 기록한 영화 『아리랑 노래 – 오키나와로부터의 증언』의 감독인 박수남 씨와 그 제작 지원자들이 1992년에 '만드는 모임'을 조직하여 일본 각지에 건립을 호소하면서 시작되었다. 1995년 7월에 시작된 제작 작업은 중간에 용지 취득 문제로 중단되었으나, 마을 주민이 소유지를 무상으로 제공하면서 재개되었고 건립 취지에 찬동한 수백 명의 자원봉사자들의 손으로 완성되었다. 높이 5미터의 모뉴먼트에 사용된 류큐 석회암도 오키나와현의 조경업자가 기부한 것이다. 일본군 '위안부' 희생자의 위령비(탑)가 건립된 것은 일본 전국에서 이 모뉴먼트가 최초로, 게라마제도(慶良間諸島)에 있던 21명의 '위안부' 희생자와 도카시키섬에 있던 350명의 군속을 위령하기 위하여 건립되었다.

● 오키나와현

류혼지비
留魂之碑

소재지	이시가키시 오하마
건립일	1998년 6월 23일
건립자	오타 시즈오(大田静男)
비문	정면　류혼지비(留魂之碑)

　　　　천황의 군대에 인간의 존엄성을 빼앗기고 원통하게 죽은 안톤마루(安東丸)의 사람들, 가비라(川平)의 위안소에서 오욕 속에 사망한 바바하루 씨, 구부라(久部良) 바다에서 총격을 당해 사망하여 황량한 들판에 묻힌 여성들, 그들의 넋을 달래고 통한의 절규를 가슴에 새기고 영원한 평화를 기원하며 이 비를 건립한다.

　　　　　　　　　　　　　　　　　1998년 6월 23일 오타 시즈오

해설　류혼지비는 이시가키섬을 중심으로 야에야마(八重山)에서 희생된 조선인 군부와 일본군 '위안부' 희생자를 조사해 온 오타 시즈오 씨가 자택 사유지에 건립한 기념비(紀念碑)이다.

　　　이시가키섬에는 육해군 합쳐 9,000명이 배치되었고, 육군의 비행장 건설과 확장공사에 오키나와 본도와 지역 주민, 조선인 군부가 다수 동원되었다. 이 공사들은 해군 관계 공사를 도급

받던 하라다구미가 담당하였으며, 그 하청 관리하에 많은 조선인 노무자가 끌려왔는데 그 수가 많을 때는 600명 이상에 달하였다고 알려져 있다. 오타 씨는 조선인 노무자가 다이너마이트 사용이나 수작업의 진지 구축, 호굴(壕堀) 등의 위험한 작업에 종사한 터를 조사해 왔다. 그것은 조선인이 암반을 깎았다고 알려진 헤기나호(壕)나 신요정(震洋艇)의 격납호, 진지의 터였다. 또한 니시오모테섬(西表島) 니시바나리(內離)에서 강제 노동에 시달리다 전후 가노카와(鹿川)에 버려져 아사 또는 병사한 조선인의 이른바 '안톤마루' 사건에 대해서도 조사하고 있다.

이 밖에도 오타 씨는 청취조사를 통해 이시가키섬에서는 이시가키 시내, 산네(山根), 가비라(川平), 하쿠스이(白水) 등의 6곳, 야에야마(八重山)에서는 총 10곳의 '위안소'를 확인하고, 조선과 오키나와의 여성들이 '위안부'로 강요당한 사실을 밝히고 있다. 오타 씨는 가비라의 위안소에서 사망한 바바하루 씨라 불린 여성이 묻힌 밭이 경작을 위하여 파헤쳐져 유골이 산산이 흩어지고 사라져 버린 사실에 가슴이 아팠다. 오타 씨가 자택 사유지에 '류혼지비'를 세운 것은 이 모든 여성들, '무연고 유골'이 되어 버린 사람들의 떠도는 넋이 머물 곳을 만들고 싶었기 때문이었다고 한다. 그는 그렇게 '머물게' 했던 조선인 군부와 '위안부' 희생자의 넋을 청자 유골함에 넣어 2004년에 한국 경상북도 영천에 있는 사찰에서 한국의 시민들과 함께 위령제를 거행하고 '혼'을 고국의 하늘에 풀어 주었다고 한다. 매년 6월 23일의 위령의 날에는 '류혼지비' 앞에서 김치와 막걸리를 올리고 가족과 지인만의 작은 위령제를 이어가고 있다.

● 오키나와현

아시아태평양전쟁·오키나와전 피징발 한반도 출신자 한의 비

恨之碑

소재지	요소탄무라 세하나
건립일	2006년 5월 건립
건립자	아시아태평양전쟁·오키나와전 피징발 한반도 출신자 한의 비 건립을 추진하는 모임
비문	아시아태평양전쟁·오키나와전에서 일본은 한반도에서 100만 명 이상의 사람들을 강제연행하여 일본군의 군부·성노예를 강요하였다. 경상북도에서 군부들이 오키나와로 보내진 때는 1944년 6월경 강인창 씨는 게라마제도의 아카지마에, 서정복 씨는 미야코지마(宮古島)에 배치되었다. 오키나와의 지상전은 1945년 3월 26일에 시작되었다. 두 사람은 동포들의 죽음을 목격하고, 또 동포에게 이어지는 처형과 학대 등을 강제로 목도할 수밖에 없었다. 우리들은 한반도와 오키나와를 마주보는 2개의 같은 추도비를 건립하기로 결정하였다. 그리고 불행한 과거를 가슴에 새기고 평화·공존의 결의를 다지는 표시로서 많은 찬동자와 단체의 기부를 받아 이 비를 세웠다. 릴리프는 긴조 미노루 씨, 비문은 아사토 에이코 씨, 번역은 하동길 씨가 맡아 주셨다. 2006년 5월 13일, 한국에서 오신 강인창 씨, 서정복 씨와 함께 제막식을 거행하였다. <div style="text-align:right">아시아태평양전쟁·오키나와전 피징발 한반도 출신자 한의 비 건립을 추진하는 모임</div>

해설 | 1944년 7월부터 나하, 자마미무라(座間味村), 아카지마에서 강제노동을 강요당한 전 조선인 군부인 강인창 씨, 같은 해 8월에 미야코지마로 끌려온 서정복 씨가 오키나와에서 희생된 동료의 유골을 찾아 위령비(탑)를 건립하고 싶다며 1997년 12월에 오키나와를 방문하였다. 두 사람은 유골 찾기와 위령비(탑)의 건립 외에 당시의 미불임금의 지불을 일본 정부에 요구하는 활동을 하고 있었다. 이 요구를 계기로 이듬해인 1998년부터 오키나와를 중심으로 일본 각지에서 '아시아태평양전쟁·오키나와전 피징발 한반도 출신자 한의 비' 건립 운동이 시작된다. '한의 비'는 한국과 오키나와를 마주 보는 형태로 동일한 비를 세우는 방법으로 구상되었고, 비의 제작은 요소탄무라에 거주하던 조각가인 긴조 미노루 씨가 맡았으며, 한국의 유족회 및 강인창 씨, 서정복 씨와 상의한 결과 비의 이름을 '아시아태평양전쟁·오키나와전 피징발 한반도 출신자 한의 비(恨之碑) 건립을 추진하는 모임'에서 결정하였다. 1999년 8월 12일에 우선 한국의 경상북도 영양군에 '한의 비'를 건립하고, 그로부터 7년 후인 2006년 5월에 요소탄무라 세하나에 조선인 군부 2,815명을 추모하는 '한의 비'가 완성되었다. 한의 비는 손이 뒤로 묶인 채 처형장으로 끌려가는 남성과 발을 붙잡는 어머니를 묘사한 높이 2.7미터, 가로 2미터의 브론즈 릴리프와 부전을 맹세하는 비문이 일본어와 한국어로 새겨진 석비로 구성되어 있다

● 오키나와현

아리랑 비

소재지	미야코지마시 우에노노바루
건립일	2008년 9월 7일
건립자	미야코지마에 일본군 '위안부'의 기념비를 세우는 모임
비문	

아리랑 비

아시아태평양전쟁 당시 이 부근에는 일본군 위안소가 있었다. 조선에서 끌려온 여성들이 쓰가가(우물)에서 빨래를 하고 가다가 여기서 쉬던 모습이 기억난다. 처참한 전쟁을 두 번 다시 일으키지 않기 위하여 세계 평화·공존의 바람을 담아 이 비를 후세에 전하고 싶다.

2008년 9월 7일
요나하 히로토시(與那覇博敏)

여성들에게

아시아태평양전쟁 당시, 일본군은 아시아태평양 전역에 '위안소'를 설치하였습니다. 오키나와에는 130곳, 미야코지마에는 적어도 16곳이 있었으며, 일본과 식민지·점령지에서 끌려온 소녀와 여성 들이 성노예로서의 생활을 강요당하였습니다. 2006년부터 2007년에 걸쳐 '위안부'를 기억하고 있던 섬 주민과 한국·일본의 연구자들이 만나면서 비를 건립하는 운동이 시작되었고, 세계 각지에서 찬동이 쇄도하였습니다. 일본군에게 피해를 입은 여성들의 고국 11개 언어에, 지금도 이어지고 있는 여성에 대한 전시 성폭력의 상징으로 베트남전 당시 한국군에게 피해를 입은 베트남 여성의 베트남어를 더하여 12개 언어로 추도 비문을 새깁니다. 고향에서 멀리 떠나와 원통하게 죽은 여성들을 애도하고 전후에도 힘겨운 삶을 살아가는 여성들과 연대하여 그녀들의 기억을 가슴에 새기고 다음 세대에 전하겠습니다. 이 마음이 풍요로운 강이 되어 평화가 봄볕처럼 따뜻하게 충만하기를 간절히 바랍니다. 이 비를 모든 여성들에게 그리고 평화를 사랑하는 사람들에게 바칩니다.

2008년 9월 7일
미야코지마에 일본군 '위안부'의 기념비를 세우는 모임

해설 미군이 미야코지마를 '남서제도 공략의 중점'으로 삼을 것이라고 예측한 일본군은 미군의 상륙에 대비하여 3만의 군사를 파견하여 1943년 9월경부터 군의 비행장 건설을 시작하였다. 섬 전체를 요새화하는 가운데 17곳에 위안소(2012년 현재)를 설치한 것이 확인되고 있다. 소학생 시절에 '위안부'들이 빨래를 하고 가다가 쉬던 모습을 기억하는 섬 주민 요나하 씨는 그 장소에 류큐암석을 세웠다. "이 돌에 한글로 비문을 넣어 평화를 위한 작은 숲을 만들고 싶다"고 바라던 요나하 씨는 2006년부터 조사차 미야코지마를 찾은 연구자 홍윤신 씨들에게 바람을 전한다. 2007년 5월, 이화여자대학의 윤정옥 교수를 단장으로 하는 공동조사단이 요나하 씨의 바람을 담은 류큐암석 옆에 '희망의 나무'라 이름 붙인 나무를 심었고, 이듬해인 2008년 9월에 요나하 히로토시 씨가 세운 류큐암석에 '아리랑 비'라는 이름을 붙인다. 그리고 그 뒤로 '위안부'를 강요당한 여성을 기억하고 평화를 염원하는 심정을 담아 '여성들에게'라는 12개 언어로 새긴 기념비를 설치하였다.

※ 이상의 오키나와 부분은 오키나와대학 지역연구소의 『지역연구』 제20호(2017년 12월)에서 일부를 발췌하여 수정하였다.(김미혜, 「오키나와전에서 희생된 조선인의 위령비(탑)·추도비에 관한 연구 노트(沖繩戰で犠牲となった朝鮮人の慰靈碑(塔)·追悼碑に關する研究ノート)」)

조선인 희생자 추도비
역사의 진실을 가슴 깊이 새기다

해설

일본 각지에 세워진
조선인 희생자 추도비에 대하여

김철수 (조선대학교 조선문제연구센터 부센터장)

들어가며

이 자료집에는 일본의 35개 도도부현에 있는 약 160개에 달하는 조선인 희생자 추도비가 수록되어 있다. 여기서 말하는 '추도비(追悼碑)'란 비명에 '위령비(慰靈碑)', '위령탑(慰靈塔)', '공양탑(供養塔)', '기념비(記念碑)', '기념비(祈念碑)', '묘(墓)'라고 새겨져 있는 것 전부를 포함한다. 또 조선인 희생자에 관한 것이라면 '상(像)', '명판(銘板)', '설명판(說明板)'의 형태나 '납골당'도 포함된다.

이 해설에서는 우선 일제 강점기에 일본에서 희생된 조선인의 실태를 개괄하고, 이어서 조선인 희생자 추모비의 특징을 건립 연대별로 정리하겠다.

1 | 식민지기, 일본에서 희생된 조선인의 실태

1) 강제연행 이전 시기(1910~1938년)

1910년의 '한국병합' 이전, 일본으로 건너온 조선인은 공무원, 망명정치인, 유학생, 조선인삼 등의 행상들이었다. 하지만 조선에 대한 일본의 지배가 강화되면서 일본 기업의 조선인 고용이 시작되었고, 많은 노동자들도 일본으로 건너오기에 이른다. 조선인 노동자는 1897년 사가현 조자탄갱(長者炭坑)에 230명이 고용된 것이 최초였다고 한다. 1907년부터 공사가 본격화된 규슈 히사쓰선(肥薩線) 공사에는 500명의 조선인이 투입되었다.

조선인이 고향에서 쫓겨나 대량 일본으로 건너오게 된 것은 조선이 일본의 식민지가 된 이후이다. 식민지 조선에서는 '토지조사사업', '산미증산계획'으로 토지 수탈, 쌀 증산이라는 무거운 부담 탓에 농민들이 생계를 이어갈 수 없었다. 한편 일본의 산업계도 이윤 추구를 위하여 저임금으로 고용할 수 있는 조선인 노동자를 필요했다. 이렇게 생활고 탓에 생계 수단을 구해 일본으로 건너온 조선인 수는 1911년에 2,527명, 10년 후인 1920년에는 약 3만 명, 1930년에는 약 30만 명, 1940년에는 약 120만

명, 그리고 1945년에는 200만 명 이상으로 증가하고 있다.

그간 조선인 노동자들은 철도공사나 발전공사, 탄광이나 광산 등, 늘 위험이 따라다니는 열악하고도 가혹한 노동 현장에서 일하면서 사고나 질병으로 많은 사람들이 목숨을 잃었다. 그리고 관동대지진 조선인 대학살(1923년)과 니가타현 신에쓰수력발전 학살사건(1922년), 미에현 기노모토 학살사건(1926년), 이와테현 오후나선철도공사 노무자수용소학살사건(1932년) 등 조선인에 대한 학살사건도 빈발한다.

2) 강제연행기(1939~1945년)

일본이 중국에 대한 침략전쟁을 본격화하기 시작하면서 전쟁 정책에 조선인의 대대적 동원이 계획되어 일본으로의 강제연행이 시작된다. 1938년에 국가총동원법이 제정되자 기획원은 노무동원계획을 작성한다. 여기에서 조선인 노동력의 동원계획이 수립되어 1939년부터 계획적, 강제적인 노동 동원이 시행되었다.

노무동원계획에 따라 1939~1945년에 걸쳐 일본으로 강제연행된 조선인 수는 약 80만 명[1]이다. 강제노동 현장은 확인된 것만 약 2,000곳에 이른다.[2]

군인·군속으로 군무 동원도 실시된다. '지원'이나 징병제에 의한 병사로서, 군사기지 건설 노동자나 군수공장의 공원, 포로감시원 등의 군속으로 끌려왔다. 또 일본군 성노예로 끌려온 여성들도 적지 않다.

일본을 비롯한 아시아 각지로 군인·군속으로 끌려간 사람 수는 육군 25만 7,000명, 해군 12만명으로 총 377만 7,000명이다.[3] 일본군 성노예로 끌려간 수는 지금도 확실하지 않다.

---

1) 竹內康人 編著, 『戰時朝鮮人强制勞働調査資料集 補改訂版―連行先一覽·全國地圖·死亡者名簿』(神戸學生青年センター出版部, 2015年), p. 6.
2) 위의 책, 『戰時朝鮮人强制勞働調査資料集 補改訂版―連行先一覽·全國地圖·死亡者名簿』, p. 5.
3) 外務省アジア局第一課, 「極秘 朝鮮人戰歿者遺骨問題に關する件」(1956年).

강제연행된 조선인은 인권도 없는 채로 고된 작업에 종사할 수밖에 없었으며, 열악한 환경, 중증 영양불량, 업무상 사고와 질병 등으로 많은 사람들이 희생되었다. 미군의 원폭 투하와 공습 희생자도 많았다.

노무 동원 사망자는 1만 5,000명,[4] 군무 동원 사망자는 2만 2,182명[5]으로 추정되고 있다. 이는 어디까지나 판명된 숫자일 뿐으로, 그 밖에도 아직도 불확실한 것이 많다고 여겨지고 있다.[6]

원폭과 공습으로 인한 사망자 수도 적지 않다. 한국원폭피해자원호협회의 추정에 따르면 피폭한 조선인은 히로시마에서 5만 명, 나가사키에서 2만 명으로 총 7만 명이며, 그중 사망자는 히로시마 3만 명, 나가사키 1만 명으로 총 4만 명에 달한다.[7] 그리고 도쿄대공습 희생자 수는 1만 명으로 추정되고 있다.[8] 원폭·공습 피해에 대해서는 여전히 불분명한 점이 많다.

일본 각지에는 조선 식민지 지배로 인하여 일본으로 건너와 그리고 전시하에서 노무나 군무에 강제 동원되었다가 사망하였거나 전후에 사망하여 무연고로 처리된 조선인 유골이 남아 있다. 이 유골들의 상황은 정확히 파악되지 않고 있다. 2004년 12월, 가고시마에서 한일정상회담이 열렸을 당시, 노무현 대통령이 일본 정부에 징용자 등의 유골 반환을 요청하였다. 그 후 일본 정부는 국내의 사원, 지자체, 납골시설 등에 보관된 조선인 유골의 실태 조사에 들어간다. 한국의 '대일항쟁기 강제동원

---

4) 앞의 책, 『戰時朝鮮人强制勞働調査資料集 補改訂版―連行先一覽·全國地圖·死亡者名簿』, p. 127. 또 노무동원된 조선인의 사망 추정자 수는 6만~10만 명이라는 설도 있다(洪祥進, 「朝鮮人强制連行犧牲者の遺骨問題」, 在日朝鮮人歷史·人權問題實行委員會 編, 『2007在日朝鮮人歷史·人權問題』, p. 18.

5) 厚生省援護局, 「朝鮮人在籍舊陸海軍軍人軍屬出身地域別統計表」(1962年).

6) 사망자의 이름은 앞의 책, 『戰時朝鮮人强制勞働調査資料集 補改訂版―連行先一覽·全國地圖·死亡者名簿』에서 노무, 군무를 합하여 약 1만 명을 확인할 수 있다. 또 군인·군속 사망자에 대해서는 菊池英昭 編著, 『舊日本軍朝鮮半島出身軍人·軍屬死者名簿』(新幹社, 2017年)에 2만 1,710명 분을 확인할 수 있다.

7) 허광무, 「한국인원폭피해자에 관한 제연구와 문제점」, 『한일민족문제연구』 제6호(2004. 6), p. 98.

8) 李一滿, 「東京大空襲と朝鮮人」, 『季刊戰爭責任硏究』 第53號(2006年 秋季號).

피해조사 및 국외 강제동원 희생자 등 지원위원회'(이하 '위원회')에 따르면, 일본 정부는 2015년 12월 말 현재 2,798위의 정보를 위원회에 제공했다고 한다.[9] 하지만 이 정보는 일부 사원에 국한된 것으로, 충분한 조사 결과라 말할 수 없다.

강제연행 피해자의 유골에 대해서는 조선인강제연행진상조사단 자료집 등을 토대로 일본 전국의 유골 상황을 정리한 다케우치 야스토(竹內康人) 씨의 논문이 지금도 가장 정확하므로 참고하길 바란다.[10]

2 | 조선인 희생자 추도비의 분석

여기서는 연대별로 추도비의 건립 주체, 비문 등을 분석하여 비의 특징을 정리해 보겠다.

이 자료집에는 강제연행기 이전에 노동 현장에서 사망한 사람을 추모하는 비, 조선인 학살사건에서 숨진 사람을 추모하는 비, 강제연행기의 희생자를 추모하는 비, 해방 직후에 발생한 해난사고 희생자를 추모하는 비가 수록되어 있다. 강제연행기의 희생자를 추모하는 비에는 노무동원, 군인·군속, 일본군 성노예 희생자의 추도비와 원폭·공습·지진 희생자의 추도비가 포함되어 있다.

◆ 1945년 이전에 건립된 비

2차 세계대전 이전에 건립된 비는 철도공사, 발전공사, 탄광 등의 노동 현장에서 숨진 사람들을 위한 비이다. 이 자료집에 담긴 가장 오래된 비는 1908년 구마모토에 세워진 히사쓰선 공사와 관련한 '철도공사 중 순난병몰자 추도기념비(鐵道工事中殉難病歿者追悼紀念碑)'로, 이는 이 공

---

9) 『위원회활동결과보고서(요약판)』(대일항쟁기강제동원피해조사 및 국외강제동원희생자 등 지원위원회, 2016), 75쪽

10) 竹內康人, 『戰時朝鮮人强制勞働調査資料集 2—名簿·未払い金·動員數·遺骨·過去淸算—』(神戶學生靑年センター出版部, 2012年), p. 72~79.

사를 담당하였던 하자마구미가 세운 것이다.

제2차 세계대전 이전에 세워진 추도비의 건립 주체는 사고를 일으킨 기업인 경우가 많다. 기업이 세운 비에는 사고로 숨진 희생자 중 조선인의 이름이 일본인과 함께 새겨져 있다. 대부분의 비가 이름만 새기고 있고, 사망 연월일이나 출신지, 연령을 새긴 것은 극히 일부다. 또한 사망 상황이나 추도사 등을 적고 있는 것은 전무하여, 기업의 가해 책임에 대한 자각을 느낄 수 없다. 덧붙여 비명에서 조선인의 비임을 알 수 있는 것은 '선인공동묘지비(鮮人共同墓之碑)'(홋카이도 이와미자와시) 단 하나뿐이다.

강제연행 희생자를 추모하는 비는 전후에 세워진 것이 대부분이며, 강제연행기에 세워진 비는 고작 3기(시즈오카, 야마구치, 기후)밖에 없다.

관동대지진 당시 조선인 학살에 관한 추모비도 사이타마, 지바, 가나가와, 군마에 세워졌다. 1945년 이전에 건립된 비는 학살당한 사람이 조선인임을 명기하지 않은 채 생령(生靈)이나 무연불(無緣佛), 순난자(殉難者)라고 새기고 있는 탓에 비명을 보아도 그 비가 누구의 것인지를 알 수 없는 경우가 많다.

◆ 1945년~1960년대 말에 건립된 비

전후 강제연행기 희생자를 추모하는 비와 관동대지진 학살사건의 희생자를 추모하는 비가 각지에 세워진다.

1945년부터 1960년대 말까지 건립된 추도비의 특징은 첫째, 기업과 피해자인 조선인이 직접 건립 주체가 되어 비를 세웠다는 점이다. 또 많지는 않으나 행정기관이 비 건립에 관여한 것도 있다.

두 번째 특징은 비문에 사실 경과를 적은 비가 거의 없다는 점이다. 기업이나 행정기관이 세운 비에는 희생자의 이름만 새겨져 있어, 사실 경과는 일절 언급하고 있지 않을뿐더러 비명에 '조선인'이라고 새긴 비는 전혀 찾아볼 수 없다.

비명에 '조선인'이라 새긴 것은 1947년에 재일본조선인연맹(조련)이나 와시로지부가 세운 후쿠시마현 닛바쓰누마노쿠라수력발전소의 '조선인 순난자 위령비'가 최초이다.

이 시기에 세워진 비 중 사실(史實)이 새겨져 있는 것은 후쿠시마현 이와키시에 있는 '조반탄전(常磐炭田) 조선인 노무희생자의 비'(1947년)와 홋카이도 삿포로시의 '한국인 순난자 위령비(韓國人殉難者之慰靈碑)'(1960년) 2기뿐이다.

처음 사실을 새긴 조반탄전의 추도비에는 "침략전쟁주의자들에게 붙잡혀 산업 전사로 징용……, 설비도 완비되지 않은 일터에서 밤낮없이 혹사"당하다 "아까운 청춘에 요절하니 실로 처참하기 그지없으며", "청년들의 비통함을 영원히 슬퍼하고 인류 역사의 교훈으로 삼고자 이 비를 세웠다"고 새기고 있다. 탄광 관계 제반 단체와의 협상 끝에 건립에 이른 사정 탓에 표현이 상당히 억제되어 있으나, 강제연행·강제노동으로 혹사당한 희생자들의 심정이 마침내 새겨지게 된 것이다.

1950년대 중반 무렵부터 조선인의 유골을 안치하기 위한 납골당이 지바현 기미쓰시, 시즈오카현 시미즈시, 가나가와현 요코하마시 등에 건설된다. 당시 납골당 건설의 중심 역할을 담당한 것은 '동포의 유골 조사와 안치, 조국으로의 송환 추진'을 활동 방침[11]으로 내걸고 있던 재일본조선인총연합회(총련)이었다.

1960년대에 들어 재일조선인을 위한 절을 건립하는 준비도 진행되어, 도쿄 히가시무라야마시(東村山市)에 국평사(1964년 창건), 오사카 덴노지구(天王寺區)에 통국사(1970년 창건)가 창건되어 강제연행 희생자를 비롯한 재일 조선인의 유골이 안치되기 시작한다.

관동대지진 관련 추도비 중 일본 국가의 조선인 학살 책임을 최초로 명기한 비는 1947년에 조총련 지바현 본부가 세운 것이었다. 그 후 사이타마현 가미사토마치 진보하라(神保原)와 혼조시, 군마현 후지오카시에도 조선인 희생자 위령비가 세워져 관동대지진 당시 조선인이 희생된 사

---

11) 총련은 결성대회(1955년)부터 5전대회(1959년)까지 매번 유골의 조사와 안치를 방침으로 내걸었다.

실이 명기되기 시작한다. 하지만 이 비들은 일본인이 주축이 되어 세운 것이 아니라 조선인의 강력한 호소로 건립되었다고 한다. 비문에는 "처참한 최후를 맞이하였다"고만 적혀 있고 학살자가 누군인지를 명확하게 기재하지 않았다.[12]

◆ 1970년대~1980년대에 건립된 비

1965년에 체결된 한일조약에서는 강제연행, 강제노동, 학살의 사실을 철저하게 추궁하지 않은 채 식민지 지배의 청산이 애매하게 처리되었다. 이러한 상황 속에서 조선인 강제연행의 사실을 밝힌 최초의 연구서『조선인 강제연행의 기록(朝鮮人強制連行の記録)』(박경식 저, 미래사, 1965년)이 출판되어 조선인 강제연행에 관한 인식이 확대되어 간다.

1972년에는 조선인강제연행진상조사단(조사단)이 오키나와에서 결성되어 오키나와, 홋카이도, 규슈, 도호쿠에서 일조합동조사(1972~1975년)가 실시되었다. 이후 각지에서 다양한 시민 단체가 강제연행 조사에 나선다.

1970년대~1980년대는 각지에서 조사 및 연구가 축적되어 조선인 강제연행의 실태가 규명된 시기이다. 실태 규명이 진행되는 과정에서 많은 추도비가 건립되었고 조사를 통해 밝혀진 사실이 비문에 새겨진다.

이 시기에 세워진 추도비의 특징은 첫째, 주요 건립 주체가 일본의 시민이나 단체로 바뀌었다는 점이다. 이 시기에 일본의 시민들이 건립위원회나 발기인 모임을 꾸려 건립한 비는 전체의 절반에 달한다.

동시에 일본인과 조선인(조총련, 민단)이 공동으로 비를 세우고 추모하는 사례도 서서히 늘어 간다. 그 선구격이 군마현 오타시에 있는 '조선인 희생자 위령지비'(1973년)이다. 비의 건립자는 오타시장, 비문의 집필은 후지중공이 담당하였으며, 지자체, 강제연행 기업과 경제단체, 불교

---

12) 山田昭次, 『關東大震災の朝鮮人虐殺とその後-その國家責任と民衆責任』(創史社, 2011年), p. 261~268.

회, 조총련, 민단이 합동 발기인으로 이름을 올리고 있다.

두 번째 특징은 비문에 '강제연행', '강제노동'의 문구가 새겨져 있다는 점이다. '강제노동'이 최초로 들어간 비는 구마모토현 아라오시에 건립된 '불이지탑(不二之塔)'(1972년)이다. 비문에는 "강제노동을 강요당한 조선인 노동자는 가혹한 노동과 차별 대우를 받으면서 갖은 고생 끝에 망향의 심정을 끊기 어려워 이국의 땅에서 소중한 생명을 희생하셨다"고 새겨져 있다. 이듬해인 1973년에 홋카이도 구시로시민회의가 건립한 '태평양전쟁 강제노동 희생자 위령비'는 비명에 최초로 '강제노동'이 표기된 비이다.

세 번째 특징은 오키나와전에서 사망한 군인·군속과 일본군 성노예 희생자, 히로시마, 나가사키의 원폭 피해자 등, 그 전까지 관심을 받지 못했던 희생자들에게 눈을 돌리면서 추도비가 세워졌다는 점이다.

관동대지진 관련 추도비에서도 변화가 나타난다. 관동대지진 당시 발생한 조선인 학살에 관한 조사·연구를 토대로 일본인이 학살의 사실을 적은 비명 혹은 비문을 새겨 건립한 추도비가 마침내 등장한 것이다. 최초의 비는 도쿄 스미다구 요코아미초공원 안에 세워진 '관동대진재 조선인 희생자' 추도비(1973년)이다. 하지만 이 비에도 학살자가 명시되어 있지 않은 문제점은 남아 있었다.[13]

◆ 1990년대에 건립된 비

1990년대는 전후 50주년을 맞이하여 일본의 아시아 국가들에 대한 침략과 식민지 지배 문제가 부각된 시기이다.

1991년 북일국교정상화교섭이 시작되어 과거 청산 문제가 협의되며, 1993년에는 '위안부' 문제를 둘러싸고 군의 관여와 강제성을 인정한 '고노담화'가 발표된다. 그리고 1995년에는 일본의 아시아 침략과 식민지 지배를 공식적으로 인정하고 사죄한 '무라야마담화'가 발표되었다.

---

13) 위의 책, 『關東大震災の朝鮮人虐殺とその後-その國家責任と民衆責任』, p. 257.

과거 청산의 기운이 고조되는 가운데, 도쿠시마현에서 조선인강제연행진상조사단이 결성된 것을 시작으로 각 도도부현에서 조사단이 발족하여 일본인과 조선인이 공동으로 자료 발굴, 증언자의 구술 수집, 현장 확인 등과 같은 조사 활동을 활발하게 추진해 간다. 조사 기록은 지역별로 정리되어 『조선인 강제연행 진상 조사의 기록』이라는 제목으로 출판되었다. 조사단 외에도 강제연행 문제에 힘쓰는 시민운동이 각지에서 전개되어 '조선인·중국인 강제연행·강제노동을 생각하는 전국교류집회'(1990년, 나고야)가 개최되었다. 또 1995년을 전후로 가나가와현, 홋카이도 등의 지자체가 조선인강제연행에 관한 조사를 독자적으로 실시하여 상세한 보고서를 내놓고 있다.

1990년대 이후, 강제연행된 조선인·중국인의 이른바 '전후보상재판'도 시작된다. 원고들은 재판을 통하여 사죄와 배상을 요구하나 배상을 쟁취하는 데는 실패하였다. 하지만 많은 판결이 강제연행·강제노동의 사실을 인정하고 있다.

1990년대는 이러한 시대 상황을 배경으로 추도비 건립의 최전성기를 맞이한다. 이 기간에 건립된 추도비의 특징은 첫째, 일본인과 조선인이 공동 건립 주체인 비가 대다수를 차지한다는 점이다. 일본인 측은 각계각층이 당파를 초월하여 비 건립운동에 참가하였고 조선인 측도 조총련과 민단이 함께 건립 주체가 되는 사례가 많아진다.

두 번째 특징은 비문에 조사 활동에 근거한 사실이 반영되었다는 점이다. 일본으로 건너온 경위와 연행 사실, 노동자 수, 가혹한 노동 실태, 희생자 이름과 희생자 수, 사망 경위 등을 상세하게 새긴 비가 증가한다.

일본군 성노예 희생자에 대해서도 사실에 근거한 비가 건립되었다. 1970년대부터 일본군 성노예 희생자의 추도비는 몇 기가 건립되기는 하였으나 사실을 기술한 추도비는 전무했다. 1997년에 건립된 오키나와현 도카시키무라에 있는 '아리랑 위령의 모뉴먼트'는 조선 여성이 일본군의 성노예로 끌려와 원통한 죽음을 강요당한 사실을 새긴 최초의 비다.

세 번째 특징은 지자체가 설치한 명판, 설명판에 처음으로 강제연행의 사실이 명기되었다는 점이다. 전후 50년 전적보존사업을 추진한 오사카에서는 행정기관이 가해 전적도 보존해야 한다는 의견을 받아들여 강제연행의 문언을 명기한 명판을 설치한다. 덴리시와 덴리시교육위원회가 설치한 설명판 '야마토해군항공대 야마토기지 터에 대하여'에는 지자체로는 처음으로 '위안소'에 조선인 여성이 강제연행된 사실이 기재되었다.

◆ 2000~2016년에 건립된 비

일본 정부는 2002년의 북일평양선언에서 "과거 식민지 지배로 인하여 조선 인민에게 다대한 손해와 고통을 준 역사적 사실을 겸허하게 받아들인다"고 표명하였다. 하지만 그 직후, 일본변호사연합회(일변련)가 고이즈미 준이치로 총리에게 강제연행·강제노동 피해자에 대한 사죄와 보상을 요구하는 권고(2002년 10월)를 발표하고, 이듬해 8월에는 관동대지진 당시 조선인·중국인 학살에 관하여 국가 책임을 인정하여 피해자와 유족에게 사죄할 것을 요구하는 권고를 발표하였음에도, 일본 정부는 전혀 응답하지 않았다. 그것은 검정에 합격한 모든 중학교 역사교과서에서 '종군위안부' 기술을 지우고 조선인 강제연행설은 허구라는 담론을 퍼뜨리는 한편, 일변련의 권고서에 대한 지지운동을 광범위하게 전개하지 못했기 때문이다.

다른 한편 일본의 역사 왜곡과 과거의 미청산이 이어지는 가운데 여성국제전범법정(2000년), '일본의 과거 청산을 요구하는 국제연대협의회'(국제연대협의회)'의 결성(2003년) 등을 거쳐 과거청산운동의 국제적 네트워크가 구축되어 간다. 또한 한국에서는 2004년 11월에 '일제강점하 강제동원피해진상규명위원회'가 출범하였고 일본에서도 2005년 7월에 '강제동원진상규명네트워크'가 결성된다. 이 단체들은 역풍을 맞으면서도 강제연행의 진상규명운동을 가속화하는 원동력이 되었다.

2004년 이후, 강제연행 희생자의 유골 조사와 유족 찾기가 각지에서 적극적으로 전개된다. 이 운동은 남북한의 관계 기관, 한국 유족회, 시민운동과 연계를 꾀하면서 진행된다.

이 시기에 건립된 추도비의 특징은 첫째, 추도비 건립에 한국의 피해자, 유족, 시민단체가 관여하게 되었다는 점이다. 홋카이도의 '동아시아 공동워크숍'은 한국, 일본, 재일코리안 청년들이 공동으로 유골 발굴 조사를 실시하여 유골의 고국 봉환을 실현하였다. 그러한 과정을 거쳐 삼자가 공동 추도비, 디딤돌 등을 설치하고 있다. 오키나와현 요소탄무라의 '한의 비', 야마구치현 우베시의 '조세이탄광 수몰사고 희생자의 비'도 한국에 있는 피해자, 유족, 지원단체와의 교류, 협력 아래 건립되었다.

두 번째 특징은 장기간에 걸친 조사, 운동이 비의 건립으로 결실을 맺었다는 점이다. 2004년에 일본에서 최초로 현립공원 안에 세워진 '기억, 반성 그리고 우호'는 9년간에 걸친 비 건립운동 결과, 현의회가 만장일치로 취지채택하고 현 지사가 결재하여 용지를 제공한 획기적인 비다.

관동대지진 관련 추도비에서도 진전이 나타난다. 2009년, 조선인을 학살한 것이 '일본의 군대·경찰·유언비어를 믿은 민중'이라는 사실을 일본인이 직접 명기한 '관동대진재 시 한국·조선인 순난자 추도지비'가 도쿄 스미다구 야히로의 아라카와(荒川) 주변에 세워졌다. 1980년대부터 장기간에 걸쳐 이어온 꾸준한 조사와 운동이 실현한 비인 것이다.

하지만 제2차 아베 정권이 출범한 2012년 12월 이후 추도비·설명판의 철거와 수정 등, 역사수정주의자들이 추도비 공격을 시작하여 계속해서 기세를 높이고 있다. 2014년 4월 나라현 덴리시와 교육위원회가 설명판을 철거하였고, 같은 해 7월에는 군마현이 추도비 '기억, 반성 그리고 우호'의 설치 기간 갱신을 불허하며 비의 철거를 요구하였다. 그리고 같은 해 10월에는 나가노시가 마쓰시로대본영에 설치한 설명판의 문구를 수정하였고, 2015년 4월에는 오사카부가 '피스 오사카'의 강제연행·강제노동의 전시를 철거하였다. 또 같은 해 9월에는 후쿠오카현 이즈카시의회에 무궁화당의 비문 수정을 요구하는 진정서가 제출되었다. 그리고 도쿄도의 고이케 도지사가 작년(2017년) 스미다구 요코아미초공원에서 개최된 '관동대진재 94주년 조선인 희생자 추도식전'에 추도사를 전하는 것을 중단했으며, 일부 도의회, 스미다구의회에 공원 안의 추도비 철거 요구가 올라와 있다.

공격의 표적이 된 추도비에 담긴 공통된 메시지는 ① 희생된 조선인에 대한 추모, ② 역사적 사실을 기억하고 가해의 역사를 두 번 다시 되풀이하지 않겠다는 반성, ③ 평화와 우호의 바람이다. 작금의 움직임은, 침략과 학살의 사실을 인정하고 추도비에 각인한 숭고한 정신에 위배되는 행위에 다름없다.

마치며

이상에서 일본 각지에 있는 조선인 희생자 추도비의 특징을 건립 연대별로 정리해 보았다.

추도비의 분석을 통해서는 첫째, 사실이 충분히 새겨진 비가 많지 않다는 점을 알 수 있었다. 추도란 누가, 언제, 어디서, 어떤 상황에서 사망했는가라는 구체적인 사실에 기반하여야 한다. 따라서 추도비에는 희생자의 이름, 사망 연월일, 사망 연령, 어떻게 일본으로 건너왔는지, 어떻게 사망하였는지 등이 기록되어야 한다.

이어서 조선인에게 희생을 강요한 책임을 충분히 추궁하지 않았다는 점을 확인할 수 있었다. 추도 대상인 조선인 희생자는 우발적인 사고나 자연재해로 희생된 것이 아니라, 일본의 식민지 지배와 침략전쟁의 희생자들이었다. 대부분의 비에 자신들의 가해 책임을 인정하고 희생된 조선인을 애도하고 전쟁과 식민지 지배를 반성하고 일본과 조선의 평화와 우호를 염원하는 사람들의 심정이 담겨 있었다. 하지만 본래 전쟁 책임, 식민지 지배 책임을 져야 할 일본 정부가 조선인 희생자를 추모하여 건립한 비는 단 하나도 없다. 일본 정부가 마땅히 져야 할 국가 책임을 묻지 않고서는 희생자에 대한 진정한 추모는 있을 수 없다.

현재 일본과 일본인에게 필요한 것은 진상 규명과 책임의 자각이다. 비록 불편한 과거이더라도 진실을 마주하고 책임을 다할 때야말로 일본은 '국제사회에서 명예 있는 지위를'(일본국 헌법 전문)를 점할 수 있을 터이다.

과제와 감사의 말

이 자료집 발행 전까지 여러 사정 탓에 확인하지 못한 대상이 남았다. 향후 현지 조사와 확인 작업을 진행할 지방의 비와 탑 등은 다음과 같다.

홋카이도에서는 하마톤베쓰초 미도리가오카의 하마톤베쓰 아사지노 비행장 건설공사 순난자 위령비, 구시로시의 유베쓰(雄別)탄광 기념비, 호로카나이초의 순직자 위령탑(슈마리나이호), 오케토초 나카사토공동묘지의 오케토탄광 중국인·조선인 순직자의 비, 후렌초 니시마치 주오묘지의 야스라기의 비, 왓카나이시의 사할린 잔류 한국·조선인 위령비, 히가시카와초 히가시 6호 숙사 터의 석비와 설명판, 몬베쓰시의 고노마이광산 위령비, 도야마현에서는 도야마시(후지코시사 내)의 제2차 세계대전하 근로지비(여자정신대근로의 비), 오사카부에서는 오사카시 조토구의 오사카대공습 교바시역 폭격피해자 위령비와 납골당, 미야코지마구의 호찬지장존, 후쿠오카현은 오무타시 아마기(아마기공원 내)의 징용희생자 위령비 등이다.

《조선인 희생자 추도비》가 발행되기까지 많은 분들이 지지와 협력을 해 주셨다.

지지해 주신 데비 스카르노, 가마쿠라 다카오(鎌倉孝夫), 야구라 히사야스(矢倉久泰), 다나카 마사타카(田中正敬), 야노 히데키(矢野秀喜), 야마다 쇼지(山田昭次), 사노 미치오(佐野通夫), 에구치 세이사부로(江口済三郎), 후쿠다 노부키(福田伸樹), 하세가와 가즈오(長谷川和男), 아리미쓰 겐(有光健), 시바타(柴田迪春), 노무라 마사히로(野村昌弘), 다나카 히로시(田中宏), 후지노(藤野正和), 고지마(小嶋廣行), 후쿠야마 신고(福山眞劫), 후지타 다카카게(藤田高景), 후지모토(藤本泰成), 니시자와 기요시(西澤淸), 히라오카 요시히사(平岡良久), 하나와 후지오(花輪不二雄), 도미자키(富崎豊和), 하시모토 고이치(橋本浩一), 나가사키평화자료관, 오이타현평화운동센터, 히로시마현평화운동센터 여러분들께 감사의 말씀을 전한다.

또 제작 과정에서 자료 제공과 현지 조사 등으로 물심 양면으로 협력해 주신 윤벽암, 김화수, 홍남기, 이달수, 권태복, 장영조, 김병탁, 윤성렬, 한금숙, 김송이, 조재하, 양대륭, 손복, 김과력, 이상만, 박정식, 현원석, 정성기, 이홍배, 문형준, 성재경, 문두만, 김청, 한남수, 정인이, 문강, 김배만, 김신만, 윤원식, 이홍윤, 김정치, 조성아, 문시홍, 김수섭, 정종석, 김미혜, 박김우기 씨께도 감사의 말씀을 드리고 싶다(경칭 생략, 순서 없음).

자료집《조선인 희생자 추도비》제작위원회

편집 후기

당초 전망에서 너무나도 벗어나 좀처럼 앞이 보이지 않던 세월이 흘러갔다. 이렇게 장기전이 될 줄이야. 결국 예정을 1년이나 넘기고 말았다. 그럼에도 만족할 만한 수준까지는 요원하다. 주제가 주제인지라 어쩌면 당연하다면 당연하고, 지난한 작업일 수밖에 없었다. 간신히 일단락을 짓고 제1탄 자료집을 발행하기에 이르렀다.

일본의 방방곡곡, 산속 벽지와 해변 등에 산재한 비를 찾아 걸어다닌 관계자들은 얼마나 많은 땀을 흘렸던가. 확인과 추가 조사를 수차례 반복하였다. 절로 고개가 숙여진다.

비문에 새겨진 문구를 확인하면서 뜻하지 않게 눈시울을 적시는 일도 많았다. 갖은 가혹한 상황 속에서 희생된 사람들, 남녀노소, 어린 아이들까지……. 그 한 사람 한 사람의 잔혹한 운명을 떠올릴 때마다, 이 비들이 풍화되어서는 안 된다는 참기 힘든 절실함이 북받쳐 올랐다. 희생자에 대한 사회활동가와 독지가, 승려, 기업, 행정기관, 학생 등 무수히 많은 건립자들의 심정도 뜨겁게 전해졌다. 인간의 존엄성, 도리, 평화를 더없이 소중히 여기고, 불행한 과거를 두 번 다시 되풀이해서는 안 된다는 굳센 의지도.

작업을 일단락 지으면서 깨달았다. 각지에 흩어져 있는 추도비·위령비 등의 역사적 유물을 조사·발굴하여 기록·보존해 계승해야 하며, 이를 위해 오히려 본 자료집의 발행이 그 실마리가 되어야 한다고. 젊은 세대가 바통을 이어받아 추가 작업을 진행하여 부단히 보완해 가기를 바라 마지않는다. 차세대 본인들이 이끌어 갈 신시대의 진정한 공존, 우호, 평화를 위하여.

강혜진·박재화·김일우

찾아보기

ㄱ

가고시마현 • 330
가나가와현 • 120, 122, 123, 124, 125, 126, 127, 129, 131, 132, 134, 135, 136, 137, 138
가네야마댐 • 175
가리코미 • 90, 91
가미우타광 • 32
가쓰무라 신길(勝村信吉) • 108
가와사키제철(川崎航製鐵) • 244
가와사키항공기(川崎航空機) • 219
가카즈전투 • 334
간몬(關門)철도터널 • 268
강대흥 • 86
강제노동 희생자의 비 • 8, 12
강제동원진상규명네트워크 • 359
고다이사(高台寺) • 213
고묘사(光明寺) • 306
고베전철 • 240, 241
고베항 242, 243
고보댐 • 264, 265
고요엔 • 230, 231, 232, 233
고즈산(高津山) • 99
고지마 료젠(小島良善) • 43
고지마 요시히데(小島良秀) • 43
고치현 • 282, 284
관동대지진 조선인 대학살 • 8, 12, 351
관동대지진 조선인 대학살 추도비 • 8
관동대진재 • 81, 83, 85, 86, 94, 95, 96, 99, 100, 101, 102, 113, 114, 115, 116, 117, 136, 138
관동진재 • 81, 159
교라쿠(共樂)공원 • 211
교토부 • 208, 209, 211, 213, 334
구마모토현 • 320, 322, 323, 324, 357
구메지마사건 • 336
구시로 • 31, 33
구 일본군 성노예 희생자의 비 • 8, 12
구중회 • 335, 336
구학영 • 80
군마현 • 82, 154, 155, 156, 157, 158, 159, 160, 161
굿찬광산(俱知安鑛山) • 29
기노모토 • 199, 200, 201, 202, 351
기노모토터널 • 199, 202
기누타 유키에(絹田幸惠) • 117
기류 준이치(吉柳順一) • 303
기주(紀州)광산 • 203, 204
기후현 • 174, 175, 176
긴류사(金龍寺) • 154
김광자 • 144, 145
김의경 • 99

ㄴ

나가노현 • 164, 165
나가사키 원폭 • 315
나가사키원폭투하중심지공원 • 317

나가사키현 • 310, 311, 312, 314, 315, 317
나고야항공기제작소 • 192, 193
나기노하라 • 99, 102
나나쓰다테 • 52, 53
나라시노수용소 • 103
나라현 • 246, 248, 249, 360
나카지마비행기(中島飛行機) • 154, 183
난고시묘 • 314
노조에 겐지(野添憲治) • 12, 48
녹색의 봄(綠の春) • 230, 231, 233
누카다니채석장 • 170, 171
니가타현 신에쓰수력발전 학살사건 • 351
니시아시베쓰(미쓰이아시베쓰탄광) • 43
니혼광업주식회사 • 142, 252, 253
닛타이사(日泰寺) • 188, 189

ㄷ

다이오킨잔 • 326
다치소지하호 • 219
다카시마탄광 • 310
다코베야 • 41, 42, 43
단나철도 • 178
단나(丹那)터널 • 179
덴슈카쿠(天守閣) • 225
도난카이지진(東南海地震) • 183, 192, 193
도미무라 준이치(富村順一) • 336
도미요 • 91, 149
도야마현 • 168
도요카와 • 186, 187, 191
도요카와공창 • 186
도요히라강(豐平川) • 40
도치기현 • 148, 149, 151, 152

《도쿄니치니치신문》 • 80
도쿄대공습 • 112, 352
도쿄도 • 106, 107, 108, 109, 111, 112, 113, 114, 115
도쿄·오사카 대공습 조선인 희생자의 비 • 8, 12
도후쿠사 • 244
돗토리현 • 252, 253, 254

ㄹ

렌쇼사(蓮勝寺) • 129, 130, 132, 133, 134, 135

ㅁ

마루야마(丸山)댐 • 176
마쓰마에선(松前線) • 35, 36, 37
마쓰시로대본영 • 165, 166
마와타리(馬渡) • 300, 301
마이즈루해군공창 • 211, 212
메이우선 철도 • 42
메이지 일본의 산업혁명유산 • 5
모이와 • 40, 41
무라오 노리요시(村尾履吉) • 129, 130, 131, 132, 134
미쓰비시공업 • 170
미쓰비시중공업 • 183, 192, 193
미쓰이(三井)탄광 • 300
미쓰이석탄광업주식회사 • 300, 301
미에현 • 198, 199, 200, 202, 203, 351
미에현 기노모토 학살사건 • 351
민족화해협력범국민협의회 • 7, 8

ㅂ

박수남 • 341, 342
박이동 • 282
배봉기 • 341, 342
배상도 • 199, 200, 201, 202
〈불하된 조선인-관동대진재와 나라시노 수용소〉 • 99

ㅅ

사가미댐 • 122, 123
사가현 • 306, 307, 350
산노히가시공원 • 232
서울시립묘지 • 45, 46
센닌즈카(千人塚) • 310
소가와소야마(庄川祖山)발전소 • 168
소라치민중사강좌 • 42, 46
소야마댐 • 168
송암보리 • 297, 298
슈마리나이(朱鞠內) • 38, 39, 42, 46
스미토모광업(住友鑛業) • 280
시미즈(淸水) • 180, 181, 183
시즈오카현 • 178, 180, 181, 182, 183
신요베야 • 41
심우성 • 99
싱가포르 • 109, 110
쓰가댐 • 284, 285

ㅇ

아라가네광산 • 253
아시베쓰탄광 • 43, 44
아시오 • 148
아이치현 • 186, 188, 189, 190, 191, 192, 193, 194
아카미네(赤嶺秀光) • 336
아키타현 • 52, 53, 54, 57, 59, 60, 61, 62
애린원 • 130, 131
야마구치현 • 268, 269, 271, 276, 277, 360
야마토야전기(大和屋電機) • 312
야마토해군항공대 • 248, 249, 359
야사카신사(八坂神社) • 213
야스하라 규섭(安原奎燮) • 108
에히메현 • 280
엔코사(圓光寺) • 79
여성국제전범법정 • 359
오다케(大竹米子) • 97
오도마리(王泊)댐 • 260
《오사카매일신문(고베판)》 • 241
오사카부 • 216, 217, 218, 219, 220, 221, 222, 223, 224, 225, 226, 227, 360, 362
오사카성공원 • 225
오이타현 • 326, 327, 362
오즈루광업소 • 306
오즈루탄광 • 307
오충공 • 86
오충광 • 99
오카야마현 • 217, 256, 257
오키나와전(沖繩戰) • 249, 333, 334, 335, 336, 339, 340, 345, 346, 348, 357
오키나와현 • 332, 333, 335, 337, 338, 339, 340, 341, 342, 343, 345, 347, 358, 360
오하라묘지 • 78
왓카타(脇方)광산 • 29
요나하 • 347, 348
요시노(吉乃)광산 • 61

요코스카 • 120, 121, 127
우류댐 • 38, 39, 42
우키시마마루(浮島丸) • 209
원폭 • 8, 12, 261, 263, 314, 315, 316, 317, 318, 352, 353, 357
유네스코 세계유산위원회 • 5
유코사(熊谷寺) • 79
유텐사(祐天寺) • 111
윤정옥 • 348
이기윤 • 199, 200, 201, 202
이바라키현 • 140, 141, 142, 143, 144
이성칠 • 130, 131, 133, 134, 135, 137
이시카와현 • 170
이와테현 • 48, 49, 50
이와테현 오후나선철도공사 노무자수용소학살사건 • 351
이쿠타마공원 • 223
일제강점하 강제동원피해진상규명위원회 • 359
일본의 과거 청산을 요구하는 국제연대협의회 • 359
『잃어버린 역사를 찾아서』 • 99

ㅈ

자경단 • 74, 77, 79, 80, 82, 85, 86, 94, 96, 200
제2차 세계대전 • 5, 29, 35, 43, 48, 96, 107, 109, 123, 137, 154, 170
재일본조선민주청년동맹 • 64, 65
재일본조선인연맹 • 64, 65, 67, 95, 96, 135, 188, 189, 190, 354
《조모신문(上毛新聞)》 • 158
조반탄전(常磐炭田) • 66, 355
조선건국촉진청년동맹중앙총본부 • 130, 131

《조선신보》 • 48, 121
조선여자근로정신대원 • 192, 193
조선인 강제연행 조사 기록 • 6
조선인강제연행진상조사단 • 3, 3, 5, 6, 7, 8, 9, 11, 13, 14, 53, 59, 60, 61, 62, 72, 112, 148, 149, 151, 152, 191, 239, 280, 289, 353, 356, 358
조선인 유골봉환을 위한 남북 민화협 공동추진위원회 • 8
조선인 희생자 추도비 • 5, 8, 9, 10, 11, 12, 23, 61, 116, 264, 315, 349, 350, 353, 361, 362, 363
조세이탄광 • 271, 275, 360
종군위안부 • 92, 93
징용 • 5, 48, 62, 66, 112, 154

ㅊ

70년 만의 귀향 • 45, 46

ㅌ

태평양전쟁 강제노동 • 31
통국사 • 8, 217, 355

ㅍ

평화의 디딤돌 • 45, 46

ㅎ

하리마조선소 • 239, 244
한국 국제아동청소년연극협회 • 99
한국원폭피해자원호협회 • 352
한다(半田) • 194
한일병합(한일합방) • 31, 131, 256, 296

한일병합조약 • 315
호도쿠사(寶德寺) • 246, 247
호코사(法光寺) • 288, 289
혼조 사건 • 75
혼조시역사민속자료관 • 74, 75
홋카이도 • 8, 12, 14, 26, 27, 28, 29, 30, 31, 32, 33, 34, 35, 37, 38, 40, 41, 42, 43, 45, 46
홋카이수력발전주식회사 • 41
홍윤신 • 348
홍현기 • 130, 131
효고현 • 230, 232, 234, 236, 238, 240, 242, 244
후카쓰 목사 • 93
후쿠오카현 • 288, 289, 290, 293, 295, 297, 299, 300, 302, 360, 362
히구치 히로시(樋口博) • 166
히라오카댐 • 164
히로시마·나가사키의 원폭피해자의 비 • 8
히로시마현 • 260, 261, 263, 264, 265, 362
히타치광산 • 140, 141, 142

한일병합조약 • 315
호도구사(寶德寺) • 246, 247
호코사(法光寺) • 288, 289
혼조 사건 • 75
혼조시역사민속자료관 • 74, 75
홋카이도 • 8, 12, 14, 26, 27, 28, 29, 30, 31, 32, 33, 34, 35, 37, 38, 40, 41, 42, 43, 45, 46
홋카이수력발전주식회사 • 41
홍윤신 • 348
홍현기 • 130, 131
효고현 • 230, 232, 234, 236, 238, 240, 242, 244
후카쓰 목사 • 93
후쿠오카현 • 288, 289, 290, 293, 295, 297, 299, 300, 302, 360, 362
히구치 히로시(樋口博) • 166
히라오카댐 • 164
히로시마·나가사키의 원폭피해자의 비 • 8
히로시마현 • 260, 261, 263, 264, 265, 362
히타치광산 • 140, 141, 142